Dedicated, with deep gratitude, to Thomas J. Schwarz, a man committed to fairness and justice.

Vitaly Leventhal

English Made Simple
for Russian-speaking Students.

Виталий Левенталь

АНГЛИЙСКИЙ ЯЗЫК:
ПРОСТО О СЛОЖНОМ

Практический курс

5-е дополненное издание

EDULINK

New York

Vitaly Leventhal

English Made Simple for Russian-speaking Students

Виталий Левенталь

АНГЛИЙСКИЙ ЯЗЫК: ПРОСТО О СЛОЖНОМ

Copyright © 2009 Vitaly Leventhal

All rights reserved. No part of this publication may be reproduced or transmitted in any form or by any means, electronic or mechanical, including photocopy, recording, or any information storage and retrieval system without the written permission of the publisher.

Все права охраняются. Любая перепечатка, фотокопирование, воспроизведение в электронной форме без письменного разрешения издателя преследуется по закону.

Cover design: Luba Lukov Studio
Photo: Mark Kopelev

Library Congress Catalog Card Number 97-94632
ISBN 0-9660505-0-9

Published by EDULINK
P.O.Box 378
New York, NY 10040

Printed in the United States of America

УРОК 1

☞ **1-1. О грамматике**

Для того, чтобы овладеть изучаемым языком, одного знания слов, конечно, недостаточно. Надо научиться понимать и строить предложения, поскольку они являются структурными единицами языка. Правила, в соответствии с которыми слова сочетаются друг с другом, образуя предложения, называются грамматикой. Наука эта обладает любопытным свойством: каждый человек успешно пользуется родным языком, а значит, и его грамматикой; однако попытки разобраться в ней, и тем более выучить грамматику другого языка, обычно вызывают много трудностей. Справиться с ними поможет русский язык, бесценный опыт обращения с ним. Мы будем опираться на этот опыт и постоянно сопоставлять элементы английской и русской грамматики. Мы также попытаемся выявить своеобразную логику английской грамматики, выделяя ее ключевые моменты и осмысляя их с точки зрения русскоязычного человека.

А сейчас попробуем подступиться к этой крепости. Ключом нам послужит деление всех слов на части речи. Они такие же, как в русском языке (добавляется только артикль). Это самый простой путь к пониманию грамматики.

> Заметим, что основы грамматики, как и прочих наук, были заложены древними греками. Платон первым стал выделять существительные и глагол. Аристотель также различал их; все остальные слова он называл союзами. Такой подход нам представляется весьма удобным.

Вот три основные части речи, которые совершенно необходимо различать; их английские названия и сокращенные обозначения тоже надо знать:

noun (n) [ˈnaun] -существительное
adjective (a) [ˈædʒektiv] -прилагательное
verb (v) [vəːb] -глагол

Законы изменения у них разные, и, следовательно, можно говорить отдельно о грамматике существительного, глагола и т. д.

Мы будем рассматривать также местоимение, наречие, артикль, предлог, но иногда будем их называть просто служебными словами, подразумевая при этом, что они чаще всего не меняют своей формы и в построении предложения выступают не на главных ролях.

Слова

(n) book	[bu:k]	- книга
(n) pen	[pen]	- ручка
(n) cat	[kæt]	- кошка
(n) dog	[dɔg]	- собака
(n) boy	[bɔi]	- мальчик
(n) girl	[gə:l]	- девочка
(n) table	[teibl]	- стол
(n) music	['mjuzik]	- музыка
(n) name	[neim]	- имя, название
(n) car	[ka:]	- автомашина.

☞ **1-2. Noun**   **Существительное**

Как строится грамматика существительного?
Обратимся для сравнения к русскому языку. Русское существительное может изменяться по родам, числам и падежам.
Как же выглядят аналогичные понятия английского языка?
Род как таковой отсутствует. Все существительные относятся к одному нейтральному роду. Этот простой факт сбережет вам массу сил. Некоторые слова, казалось бы, по своему смыслу связаны с родом (мужчина, женщина и др.), однако это не так: пол - категория неграмматическая, на английских существительных он не отражается.
Число (единственное и множественное) употребляется аналогично русскому, но в техническом плане английский подход - проще. В отличие от множества вариантов русского языка (пол - полы; кол - колья), в английском языке - только одно правило для образования множественного числа: к существительному в единственном числе прибавляется буква **-s**: **pen - pens; boy - boys; cat - cats.** Если само слово оканчивается на **-s** или на другой шипящий звук, то перед окончанием добавляется буква **-e**, иначе его будет неудобно произносить: **class - classes*.**
Есть, конечно, и исключения; приведем сначала три самых важных:

man [mæn]	- человек, мужчина	**men [men]**	- люди, мужчины
woman [wumən]	- женщина	**women ['wimin]**	- женщины
child [tʃaild]	- ребенок	**children [tʃildrən]**	- дети

---
* О том, как произносится это окончание, см. урок 2-6.

Таких подлинных исключений всего чуть больше десятка, постепенно они вам встретятся.

Остальные отклонения от основного правила подчиняются другим, более узким правилам (так что это не совсем исключения), например: если существительное заканчивается на **-f** или **-fe**, то во множественном числе окончание изменяется на **-ves**:
wolf [wulf] -волк **- wolves**
life [laif] -жизнь **-lives.**

Полный список отклонений от правила образования множ. числа существительных приведен в Приложении 1, но сейчас для вас важно освоить основное правило.

Слова

(n)	**father**	[ˈfɑːðə]	-отец
(n)	**mother**	[ˈmʌðə]	-мать
(n)	**brother**	[ˈbrʌðə]	-брат
(n)	**sister**	[ˈsistə]	-сестра
(n)	**son**	[sʌn]	-сын
(n)	**daughter**	[ˈdɔːtə]	-дочь
(n)	**room**	[ruːm]	-комната
(n)	**street**	[striːt]	-улица.

Что касается падежей, то и здесь английская система намного проще русской. В английском языке форма существительного одинакова для всех падежей. Вот примеры существительных в именительном и винительном падежах:
The book is here. -Книга здесь.
I see the book. -Я вижу книгу.

Функции прочих падежей помогают выполнять предлоги. Вот самый важный пример: родительный падеж передается предлогом **of**:
The story of his life. -История его жизни.
The man of the year. -Человек года.

Далее - неожиданная деталь. Не пользуясь привычными для нас падежными окончаниями, англичане придумали один добавочный притяжательный падеж, который показывает, кому принадлежит объект. Однако и в русском языке эта форма в принципе есть.
mother's room -мамина комната
Peter's pen -Петина ручка.

Образуется притяжательный падеж добавлением к существительному апострофа и буквы **-s**. Если слово заканчивается на **-s** или шипящий звук (сюда попадают и формы множ. числа), то добавляется только апостроф.
the boys' books -книги мальчиков
Thomas' car -машина Томаса.

Когда речь идёт о людях и реальной принадлежности, как правило, употребляется притяжательный падеж; оборот с предлогом **of** передаёт более абстрактную идею родительного падежа. Однако весьма часто их значения перекрываются, и в этих случаях притяжательный падеж можно заменить формой с предлогом **of** - это эквиваленты:

the room's size - the size of the room
the car's color - the color of the car.

Можно, правда, выявить тонкие различия между ними, напр.:

men's jeans - мужские джинсы
women's room - дамская комната,

но они не показательны.

Оборот с предлогом **of** будет для вас и проще, и надёжнее; притяжательный падеж используется в основном в разговорной речи.

Любой учебник английской грамматики сообщит вам также, что существительные бывают собирательные, нарицательные и т. д. Для нас же важно то, что эти категории практически одинаковы в русском и англ. языках, и вы, как и в родном языке, можете о них не задумываться.

Однако одно понятие будет для нас важным, это деление существительных на исчисляемые и неисчисляемые. Исчисляемые (или счётные) существительные обозначают объекты, которые можно посчитать, поэтому они могут стоять во множественном числе:

books - книги   **boys** - мальчики.

Неисчисляемые (или существительные массы) обозначают объекты, которые можно измерить:

water [wɔtə] -вода   **bread** [bred] - хлеб.

Эти существительные не могут стоять во множ. числе, а если принимают такую форму, то при этом изменяют значение (сравните в русском - хлеба, воды).

Так что деление существительных на счётные и существительные массы выражено в двух языках в общем одинаково, однако в английском такие важнейшие понятия, как "много" и "мало", имеют по две формы - по-разному для исчисляемых и неисчисляемых существительных. На первых порах с этим придётся повозиться:

many books - много книг   **much water** - много воды.

Подробнее об этом см. урок 5-5.

☞ **1-3. Adjective**   Прилагательное

(a) **good**   [gu:d]   -хороший
(a) **bad**   [bæd]   -плохой

8

(a) **big**	[big]	-большой	
(a) **small**	[sm**ɔ**l]	-маленький	(говорит только о физическом размере)
(a) **little**	[litl]	-маленький	(показывает эмоциональное отношение; например, о детях)
* (a) **interesting**	['intr**ᵻ**stiŋ]	-интересный.	

В русском языке прилагательное вслед за существительным изменяется по родам, числам и падежам. Плюс к этому прилагательное имеет степени сравнения (например, длинный, длиннее, длиннейший).

В английском языке род отсутствует. Изменения же существительного в числе и падеже на прилагательном не отражаются:

the good boy   -the good boys.

Как видите, проще некуда, никаких изменений. Правда, остаются еще степени сравнения, которые строятся примерно по той же схеме, что и в русском языке, так что серьезных сложностей здесь быть не должно. Мы разберем эту тему позднее, когда у нас будет достаточно знакомых слов.

В английских и американских учебниках прилагательные называют еще определителем существительного (**noun determiner**), этот термин довольно удобен, и мы иногда им будем пользоваться. Однако определителем существительного являются также артикли, некоторые местоимения и другие слова.

☞ **1-4. Article**   **Артикль**

В русском языке этой части речи нет, и невольно возникает вопрос: зачем она понадобилась англичанам? Мы ведь прекрасно без нее обходимся. Попробуем разобраться.
Сравним две русские фразы:

Мне нравится книга.   Книга мне нравится.

Перенося слово "книга" вперед, поставив на нем ударение, мы передали некую дополнительную информацию (речь теперь явно идет о какой-то определенной книге, что-то о ней известно). Получается, что в языке должны быть средства для передачи оттенков, нюансов, которые в тексте не всегда отражены. При личном общении этих возможностей больше (напр., за счет интонации), поэтому устная речь проще и короче письменной.

---

* Значок = показывает, что подчеркнутая буква не произносится.

У разных языков возможности эти тоже разные. С точки зрения порядка слов, различных интонаций русский язык гибкий. В английском же языке порядок слов жестко задан, интонации менее разнообразны. Поэтому появились два вездесущих словечка - артикли. Так сказать, инструмент для нанесения последних штрихов, оттенков на картину речи. Говоря точнее, артикль - один из определителей существительного.

Основную нагрузку в предложении несут, конечно, существительные и глаголы. У английского глагола, как вы скоро увидите, предостаточно средств для выражения оттенков. Артикли же - помощники существительного, его верные слуги. Артикль стоит перед существительным, причем он самый первый среди возможных определителей существительного.

a book _____a good interesting English book.

А теперь - конкретные сведения.
Неопределенный артикль "a" произошел от слова one - "один" и частично сохранил это значение.
a book   - какая-то одна, произвольная книга, впервые упомянутая.

Определенный артикль **the** произошел от слова **that** - "этот" и также сохранил связь с этим значением.
the book   - определенная, данная книга, о которой что-то известно (как будто вы указали на нее пальцем).

Поскольку существительное имеет единственное и множественное число, это сказывается и на артикле:

Един. число   Множ. число

a   -   Неопределенный артикль не может стоять перед существительным во множ. числе.
the   the
I see a boy. - I see boys.
I see the girl. - I see the girls.

Еще одна деталь, связанная с фонетикой.
Если существительное начинается с гласного звука, то неопределенный артикль принимает форму **an**:

a book   an apple   [ən'æpl]
a table   an hour   [ən'auə].

Определенный артикль в этом случае своего написания не меняет, но звучит чуть иначе:
the apple   [ði'æpl]   - яблоко.

Иногда говорят, что артиклей в английском языке три, добавляя сюда "нулевой" артикль. Имеется в виду вот что: некоторые существительные англ. языка выступают всегда без артикля; термин "нулевой артикль" подчеркивает, что

10

любой артикль в этом случае будет ошибкой. К ним относятся названия месяцев, дней недели, имена собственные и некоторые другие группы существительных (о них в ур. 11-6).
Надо предупредить: артикль - трудный орешек.
Можно выписать массу правил относительно того, какой именно артикль следует употреблять в том или ином случае, столько же будет исключений и оговорок, но от всех сомнений все равно не избавиться. Чтобы не ошибиться, нужен очень большой опыт.
Мы не будем сейчас бросаться на эту крепость, а лишь суммируем основные характеристики артиклей, которые все-таки помогут в не слишком сложных ситуациях.

A (an)	**The**
неопределенный;	определенный;
ставит в ряд с ему подобными;	индивидуализирует;
какой-то один, некоторый, любой;	конкретный, известный, вот этот;
впервые упомянутый;	не в первый раз упомянутый;
один из группы подобных.	единственный в своем роде.

Мы вернемся к проблеме употребления артиклей в ур. 11-6; вы увидите, что имеющиеся правила неоднозначны и изобилуют исключениями. А вам на первых уроках нужны ясные указания. Поэтому подойдем к делу с другой стороны и запомним три четких запрета:
 1. Нельзя употреблять счетное существительное в ед. числе без артикля; можно **a cat, the cat**.
 2. Нельзя употреблять существительное массы с неопределенным артиклем; можно **water, the water**.
 3. Не надо ставить никакой артикль перед отвлеченными понятиями :
Life is good.   - Жизнь хороша.

Мы хотим еще раз подчеркнуть, что артикль ставится перед существительным для того, чтобы уточнить его значение. Если эту функцию выполняют другие слова - определители существительного, - то артикль становится ненужным. Вот три самые простые и распространенные группы слов, которые исключают артикль:

указательные местоимения	- this, that
притяжательные местоимения	- **my, his** и т. д.
числительные	- 1, 2, 3 и т. д.

I see a dog.   **I see his dog.**
I see this dog.   **I see two dogs.**

☞ **1-5. Pronoun**   **Местоимение**

Английское название этой части речи как бы указывает на ее назначение - заменять существительные. Никаких особых правил за английским местоимением не числится; надо лишь твердо знать десятка три этих коротких словечек. Поначалу, бывает, их путают - этот этап надо обязательно преодолеть.

Начнем с личных местоимений, т. е. тех, что изменяются по лицам (я, ты, он и т. д.).

я	-I [ai]	Всегда пишется с большой буквы.
ты (?)	-you [ju:]	Современный английский язык не различает "ты" и "вы" - им соответствует одно слово **you**, причем подразумевается множ. число (это отражается на форме глагола, которая ему соответствует). Чтобы потом не путаться, примем для себя - слова "ты" в английском языке нет вообще.
он	- he	
она	- she	Будьте внимательны. Сказывается отсутствие рода в английском языке.
оно	- it	

Слова **he, she** относятся только к людям. **It** обозначает все остальное, включая животных. Если животное воспринимается как член семьи или является персонажем сказки - можно назвать его **he** или **she**. По традиции о ряде предметов (напр., о корабле) говорят **she**. Но смотреть на эту проблему важнее сейчас с другого конца: привыкать к чрезвычайной употребимости местоимения **it**.

Личные местоимения множ. числа переводятся без осложнений:

мы	- we	[wi:]
вы	- you	[ju:]
они	- they	[ðei].

Идем дальше. Русские личные местоимения могут изменяться (я - мне, меня, мною). В английском языке каждому личному местоимению соответствует только одна дополнительная форма:

I	-me	[mi:]		We	-us	[ʌs]
he	-him	[him]		you	-you	
she	-her	[hə:]		they	-them	[ðem].
it	-it	[it]				

Эти слова служат в предложении дополнением.

We see him. -Мы видим его.
I love her. -Я люблю ее.

И, наконец, как и в русском языке, каждому лицу соответствует еще и притяжательное местоимение (мой, твой и т. д.), которое обозначает принадлежность; по своей функции оно близко к прилагательному.

Выпишем теперь все эти местоимения вместе в "колонки".

	I	me	my	[mai]
	-	-	-	
ед. ч.	he	him	his	[hiz]
	she	her	her	[hə:]
	it	it	its	[its]
	we	us	our	[auə]
мн. ч.	you	you	your	[jɔ:]
	they	them	their	[ðɛə]

Одна из необходимых задач начального этапа - научиться уверенно употреблять эти 20 слов. Стройте элементарные фразы - в разговоре, на бумаге, в уме - слова должны улечься в голове.

Существует еще много разрядов местоимений (усилительные, возвратные, вопросительные, неопределенные и др.). Запоминать эту классификацию сложно и необязательно. Важно другое.

Одни местоимения, например личные и притяжательные, изменяются по лицам - поэтому и образуются "колонки" из семи слов. "Колонок" этих всего пять, две оставшиеся мы разберем позднее (урок 10-5). Остальные местоимения живут как бы сами по себе, общих грамматических правил у местоимений нет, поэтому учить мы их дальше будем просто как служебные слова с их конкретными особенностями. Например, вопросительные местоимения (что, кто, где и др.) даны в ур. 4-3. Указательные местоимения (этот, тот) рассмотрены в уроке 2-4.

☞ 1-6. Verb   Глагол

Грамматика глагола в английском и русском языках имеет принципиальные отличия. За этим кроется и причина трудностей, связанных с усвоением английского глагола, и оптимальный путь к преодолению этих трудностей.

Сначала несколько общих установок.

1. В английском предложении должен обязательно присутствовать глагол.

> Отметьте, что в русском языке часто встречаются предложения без глагола:
> Это моя книга.
> Сегодня хороший день.
> Это серьезное различие, и на первых порах оно служит источником стандартных ошибок. Чаще всего при переводе на русский язык опускается глагол **to be** - быть, находиться, являться.

2. Глаголу предписано еще и определенное место в предложении - так называемый твердый порядок слов. Сначала ставится подлежащее, затем глагольная форма (сказуемое). Иногда (чаще всего при вопросах) этот порядок изменяется на обратный. Остальные члены предложения - дополнения, обстоятельства - можно расположить примерно так же, как и в русском языке, но вот подлежащее и сказуемое "гулять" по предложению не могут.

3. И, наконец, практический совет. Когда вы переводите фразу с русского на английский, всегда мысленно начинайте с глагола. Во-первых, чтобы не забыть про него. Во-вторых, при построении английского предложения самое сложное обычно - выбор глагольной формы. В устной речи это требует некой заминки, паузы, которая в середине предложения уже недопустима. Итак, сначала надо решить, как построить английское сказуемое.

Ну а теперь оглянемся на русский глагол. Он имеет вид, залог, наклонение, спряжение, времена.

В английском языке отсутствует только вид - он включен в систему времен. Залоги те же. Предложения, которые мы поначалу будем строить, - это, естественно, активный залог (**Active Voice**). До пассива мы доберемся позднее (в ур. 9-1), и он во многом аналогичен русскому. Наклонения те же. Обычное (изъявительное), которым пользуются в подавляющем большинстве случаев, повелительное (ур. 3-3) и сослагательное (ур. 13-1). Правда, здесь будут сложности. Спряжение сведено до минимума.

Глагольные времена - вот где проблема! Временных форм в английском языке 26, и эта цифра частенько вызывает панику. Но давайте разберемся. Активно используется 12-14 временных форм. В русском же языке времен три, в каждом времени есть актив и пассив - это уже 6 форм, да еще в каждом из них глагол может стоять в совершенном и несовершенном виде. Так что дело не в количестве.

Проблема в том, что английская система глагольных времен иначе организована. Понять, как действует глагол, и научиться пользоваться им - вот, пожалуй, основная грамматическая задача, стоящая перед человеком, начинающим изучать английский язык.

Наметив, таким образом, вехи на будущее, давайте займемся конкретным материалом.

Слова

(v)	**to play**	[plei]	- играть
(v)	**to go**	[gou]	- 1) идти, 2) уходить
(v)	**to love**	[lʌv]	- любить
(v)	**to live**	[liv]	- жить
(v)	**to see**	[si:]	- видеть
(v)	**to sit**	[sit]	- сидеть
(v)	**to stand**	[stænd]	- стоять.

Спряжение глагола в русском - играю, играешь, играет и т. д. В древнеанглийском языке глаголы также спрягались. Потом наметилась тенденция к отказу от изменяющихся окончаний. Сейчас у обычного глагола от спряжения осталось только окончание -s в 3 лице единственного числа.

I play   we play

he   you play
she | **plays**
it   they play

О произношении окончания -s см. ур. 2-6.

Что же тогда такое необычные глаголы?
Их в языке несколько, и в ближайших уроках мы будем их разбирать подробно. Некоторые из них вообще не спрягаются. И только самый важный - глагол **to be** - сохранил несколько форм спряжения (ур. 2-3). Можно считать, что со спряжением мы легко отделались, т. к. трудно представить что-либо более скучное, чем зубрежка разных типов спряжения.

В описании английского глагола есть еще один момент, к которому мы хотим привлечь внимание, - это так называемые формы глагола. Каждый английский глагол имеет пять форм:

infinitive	**I форма**	**II форма**	**III форма**	**-ing форма**
to play	**play**	**played**	**played**	**playing**

Суть в том, что из этих форм, как из блоков, строятся все глагольные конструкции.
Инфинитив весьма похож на своего русского собрата - он называет действие как таковое, **to play** - играть, **to love** - любить. Инфинитив получается из **I** формы добавлением частицы **to** перед ней (в русском языке — -ть на конце слова). Эта частица только обозначает инфинитив, она не переводится и не имеет ничего общего с предлогом **to**.

В словарях приводится **I** форма глагола, именно она образует простое настоящее время, которым мы поначалу ограничимся.

I see you.   -Я вижу вас.
He plays.   -Он играет.

Из **I** формы получается и **-ing** форма - **play** - **playing, going** (подробнее см. ур. 5-2).

15

Формы **II** и **III** образуются посложнее (см. ур. 7-1). У каждой формы будет своя грамматическая "нагрузка". Эти формы представляются нам удобным и надежным фундаментом для изучения грамматики английского глагола - они будут постоянно упоминаться в нашем курсе.

☞ **1-7. Adverb**   **Наречие**

Функции и формы наречий столь разнообразны, что дать простое определение этой части речи не удается. Скажем лишь, что чаще всего оно определяет, описывает действие, отвечая при этом на вопросы как? когда? где? и т. п.

Если наречие отвечает на вопрос как? (наречие образа действия), оно чаще всего (но опять-таки не всегда) образуется от основы прилагательных с помощью суффикса **-ly**

bad   - **badly** ['bædli]   - плохо,

при этом оно определяет глагол подобно тому, как прилагательное определяет существительное:

He is a bad boy.   - Он - плохой мальчик.
He plays tennis badly.   - Он плохо играет в теннис.

Отметим, прилагательное **good** образует наречие индивидуальным способом:

well [wel]   - хорошо
He lives well.   - Он живет хорошо.

Наречие, как и прилагательное, имеет степени сравнения (ур. 7-4).
Приведем еще несколько видов наречий:

наречия времени	- **now**	[nau]	- сейчас, теперь
	- **then**	[ðen]	- тогда
наречия места	- **here**	[hiə]	- здесь, сюда
	there	[ðɛə]	- там, туда
наречия степени	- **very**	['veri]-	- очень
	too	[tu:]	- слишком.

☞ **1-8. Preposition**   **Предлог**
                         in - в;   **on** - на

Предлоги формы не меняют, своей грамматики у них нет, казалось бы, остается запоминать их значение. Однако здесь нас подстерегает ряд трудностей. Во-первых, русские и английские предлоги часто употребляются по-разному в одинаковых ситуациях:

на работе   - **at work**
на солнце   - **in the sun**
в воскресенье   - **on Sunday.**

Поэтому нельзя переводить предлоги механически. Надо вникать в логику английских предлогов и, по возможности, изображать и запоминать их значения графически. Смотрите:

I go to the table.   - Я иду к столу.
I go to the park.   - Я иду в парк.

Русские предлоги здесь разные, но суть такова: предлог **to** передает движение объекта по направлению к чему-либо:

Кстати, предлоги **in** и **on** тоже можно изобразить: ⊙ **in**; o **on**, правда, эти два предлога понятны и без рисунка, т. к. они на редкость хорошо совпадают со своими русскими собратьями, но это, скорее, исключение.

Другая сложность заключается в том, что многие глаголы работают "в паре" с определенными предлогами; пары эти в русском и в английском языках часто бывают разными, например: смотреть на - **to look at**

Я смотрю на тебя.   - **I look at you.**

Потребуется определенная работа по запоминанию сочетаний глагол — предлог.
Но и это не все. На основе предлогов в русском языке строятся приставки (приходить, уходить, заходить и т.д.). В англ. языке предлоги также видоизменяют значение слов (чаще всего глаголов), при этом предлог ставится после глагола и пишется отдельно:

to come in   - входить
to come out   - выходить.

Иногда их общее значение становится непредсказуемым:

to look for   - искать.

Такой оборот называется глагольной идиомой.
Как видите, у предлогов довольно много работы. Сочетания глаголов с предлогами станут актуальными для вас при солидном запасе слов, а сначала надо будет разобраться, как предлоги выполняют свои "прямые обязанности" - обозначают положение в пространстве, времени и т.д. (ур. 5-6, 6-5).
Союзы мы будем рассматривать просто как служебные слова:

or [ɔ:]   - или
and [ænd]   - и; а.
He is here and she is there.   - Он здесь, а она там.
but [bʌt]   - но.

УРОК 2

☞ 2-1. Еще о глаголе

Теперь вы уже можете сами оценить одну из причин сложности английской грамматики для русскоязычного студента: "центр тяжести" в ней перемещен. Все части речи, кроме одной, описываются довольно просто - основной грамматический материал уместился в I уроке. А глагол - пока даже взглядом не окинуть. Как будем подступаться? Сначала надо хорошо освоить простейшее настоящее время, научиться строить разнообразные английские фразы. В рамках одного времени глаголы могут употребляться в разных типах предложений (конструкций). Число таких конструкций, или образцов, не слишком велико, необходимыми же, основными будут семь из них. В совокупности они должны обеспечить употребление любого английского глагола в почти любой возможной фразе.

> Вы видите, что русские названия - конструкция и т. д. — не совсем удачны, поэтому мы будем пользоваться принятым в английских руководствах термином **Pattern** — образец.

Слова

(v) | to read [ri:d] - читать
| to **w**rite [rait] - писать

(v) | to open ['oupən] - открывать
| to close ['klouz] - закрывать

(n) school [sku:l] - школа
(n) friend ['frend] - друг
(n) lesson [lesn] - урок
(n) page [peidʒ] - страница
(n) bag [bæg] - сумка
(n) ball [bɔl] - шар (в частности, это еще и мяч).

Глядя на новое слово, вы должны сразу понимать, какая это часть речи: для этого перед словом ставится обозначение (**n, v, a** – см. 1-1), а его отсутствие указывает на служебное слово. Если глагол дается в виде инфинитива, то обозначение будет излишним.

☞ 2-2. Pattern 1

I see a boy.   - Я вижу мальчика.
He plays.   - Он играет.

Это - самая распространенная конструкция, в ней может употребляться абсолютное большинство глаголов.

We read English books.   - Мы читаем английские книги.
My sister opens the door.   - Моя сестра открывает дверь.

Как видите, эта конструкция подобна соответствующей русской фразе. Это - приятное обстоятельство, но тренировать ее надо активно. Давайте запишем такую "матрицу":

I, you he, she, we	play go		the room the street
a boy	sit	in	the car
a dog	stand	on	the cat
my brother	live see	to	you, him

Выбирая по слову из каждого столбца, вы получите набор предложений. Переводите их на русский и обязательно дублируйте, поставив в 3 лицо единственного числа, ведь окончание -s у глагола в этом случае - заметная особенность английских глаголов.

I sit in the room.
My friend sits in the room.

Неуклюжие формы типа **I sit on the dog** вас смущать не должны, важно лишь, чтобы они были правильно построены. Добавляйте в матрицу новые слова, потом запишите ее в русском варианте и переводите на английский. Цель упражнений - привыкать к этой конструкции и ее единственной грамматической сложности.

Слова

(n) **day**	[dei]	- день		**morning**	[ˈmɔ:niŋ]	- утро
(n) **night**	[nait]	- ночь		**evening**	[ˈi:vniŋ]	- вечер.

Не все слова так четко переводятся на русский язык. Между русским и английским словом может не быть полного соответствия, тогда нужны пояснения.

(n) **house** [haus] - дом
(n) **home** [houm] - дом
house - это материальное строение (из камня или дерева).
I live in a big house. - Я живу в большом доме.
home - это образ домашнего очага.
I go home. - Я иду домой; может подразумеваться все, что угодно, лишь бы вы себя чувствовали там как дома.
She is very much at home in our house. - В нашем доме она себя чувствует как дома.

Интересно, что русское "домашняя работа" имеет два значения:
housework - работа по дому (напр., уборка)
homework - работа на дом, домашнее задание.

Надо заметить, что американцы в разговорной речи стали употреблять эти слова "вперемешку", однако исходное различие все равно проглядывает, как в последнем примере.
Могут быть и обратные несоответствия; так, в английском языке просто нет слова "сутки" - вам придется сказать **day and night**.

(n) **hand** [hænd] - рука | Более точно - **hand** - это кисть руки
(n) **arm** [a:m] - рука |
что отражено в употреблении слова:
at hand - под рукой   **handball** - - ручной мяч
hand in hand - рука об руку, за руку   **handbag** - небольшая (ручная) сумка
handbook - справочник   **arm** - остальная часть руки - в локте, в плече
arm in arm - под руку   **arm-chair** - стул с подлокотниками, т. е. кресло

arm также обозначает оружие, а множ. число - **arms** - переводится как вооружения.

(n) **foot** [fu:t] - нога
(n) **leg** [leg] - нога
Аналогичная ситуация. Множ. число **foot -feet**.
Foot - ступня, отсюда и мера длины 1 фут (31 см - стопа кого-то из королевских особ).
football - футбол   **on foot** - пешком
leg - нога (в бедре, колене); ножка стола, стула   **mutton leg** - баранья нога

(n) **word** [wə:d] - слово   (n) **fire** [faiə] - огонь; пожар

(n) **bed** [bed] -кровать; постель.

Когда мы даем перевод английского слова, близкие русские значения отделяются запятой; более далекие - точкой с запятой; принципиально разные значения даются под номерами.

☞ **2-3. Pattern 2**

Pattern 2 описывает только один глагол - **to be** - быть, находиться, являться. Очевидное неравноправие, не так ли? Тут важно понять две вещи:

1) В английском языке (как и в русском) глаголы неравнозначны между собой по употребимости. Например, русские глаголы "быть" или "иметь" (разговорная форма - у меня есть) заметно выделяются своей распространенностью.

2) В английском языке (в отличие от русского) это количественное различие переходит в качество: несколько самых важных глаголов действуют по другим правилам, нежели все остальные, т. е. имеют другую грамматику. С этими глаголами, естественно, придется разбираться особо; мы будем называть их "сильными".

Мы начнем с глагола **to be**; это единственный глагол английского языка, сохранивший спряжение (хотя и не полное) в настоящем времени:

I	**am** [æm]				
he			we		
she	**is** [iz]		you		**are** [a:]
it			they		

I am a student [ˈstjudənt].   —Я студент. (Я являюсь студентом.)
Your book is on the table.   —Ваша книга находится на столе.
Your books are in this room.   —Ваши книги в этой комнате.

Итак, I форма глагола **to be** имеет три варианта в зависимости от лица; для наглядности мы запишем их так:

am
    are
is

В русском языке в настоящем времени глагол "быть" можно опустить, не потеряйте его при обратном переводе.
Он - доктор. **He is a doctor** [ˈdɔktə].
Английское предложение не может быть без глагола— за этим надо следить.

Pattern 2, примеры

I am your friend.	- Я ваш друг.
Her father is a big man.	- Ее отец - большой человек.
Rolls-Royce is a good car.	- "Роллс-Ройс" - хороший автомобиль.
We are students.	- Мы - студенты.
My friends are here.	- Мои друзья находятся здесь.

to be - единственный английский глагол, у которого инфинитив выражен самостоятельным словом. Сравните:

inf.	I форма
to play	play
to go	go
-	am
to be	are
-	is

Здесь приходит на ум знаменитое:
To be or not to be? - Быть или не быть?

Слова

to love	[lʌv]	- любить
to like	[laik]	- любить, нравиться

to love обычно передает более глубокую, серьезную привязанность, чем **to like**:

She loves her sister.	- Она любит свою сестру.
I like this coffee.	- Мне нравится этот кофе.
to want [wɔnt]	- хотеть
We want to read English.	- Мы хотим читать по-английски.

Обратите внимание: глаголы "хотеть" и "любить" по своему смыслу часто требуют после себя глагола в инфинитиве.

* Ⓜ **I want to live in this house.** - Я хочу жить в этом доме.
  He likes to play tennis. - Он любит играть в теннис.
  I want to be a doctor. - Я хочу быть доктором.

to give	[giv]	- давать
to take	[teik]	- брать
(n) picture	[ˈpiktʃə]	- картина, фотокарточка, кинокартина
(n) letter	[ˈletə]	1) письмо; 2) буква
today	[tuˈdei]	- сегодня
tonight	[tuˈnait]	- сегодня вечером.

---

* Знак Ⓜ означает модель, т. е. оборот надо крепко заучить - он часто будет встречаться.

☞ 2-3. Pattern 2 (продолжение)

Вот еще один простой, но важный вариант этой конструкции:

This is a table.   Это - стол.
That boy is my brother.   Тот мальчик - мой брат.

Давайте разберемся с указательными местоимениями (служебными словами) **this, that**. У них по два значения.

this < 1) это / 2) этот	that < 1) это / 2) тот	1) в этом значении **this** и **that** эквивалентны.
		2) в этом значении **this** и **that** противоположны.

В 1 значении эти слова дублируют друг друга и чередуются просто для разнообразия:

This is a lamp and that is a book.
Это - лампа, а это - книга.

2 значение пока совпадает с русским:
This boy is my brother and that boy is my friend.
Этот мальчик - мой брат, а тот мальчик - мой друг.

Некоторые трудности заключаются в следующем: русское слово "это" не имеет множественного числа, а слова **this, that** его имеют.

Единственное число	Множественное число	
this	-	these [ði:z]
that	-	those [ðouz]

Сложность эта невелика, надо просто быть внимательным.
1) **These are lamps and those are books.**
Это - лампы, а это - книги.
2) **These boys are my brothers and those boys are my friends.**
Эти мальчики - мои братья, а те - мои друзья.

Местоимение **it** также употребляется в этой конструкции. Его переводят "он, она, оно" - объект уже был назван.

I see a book. It is here.   - Я вижу книгу. Она здесь.

Оборот **it is** (разговорная форма **it's**) употребляется также в безличных предложениях (подробно об этом см. 11-4).

Обратите внимание на употребление четырех обиходных существительных (без артикля и с определенными предлогами).

	at home		home
to be	at work	to go	to work
	at school		to school
	in bed		to bed

Слова

to know [nou] - знать
to think [θiŋk] - думать
(n) **thing** [θiŋ] - вещь; эти слова похожи - сравните их, чтобы не путать.
I think of you. - Я думаю о тебе.
I see an interesting thing. - Я вижу интересную вещь.
small thing - вещица
(a) **every** ['evri] - каждый
again [ə'gein] - опять, снова
all [ɔ:l] - все
(n) **time** [taim] - время.

Вот три наречия, имеющих отношение ко времени:

often [ɔfn] - часто
early ['ə:li] - рано
late ['leit] - поздно.

Ⓜ | **It is early.** - Рано. | Это - безличные
  | **It is late now.** - Сейчас поздно. | предложения.

☞ 2-5. Pattern 3

Речь здесь пойдет о прилагательном, о его взаимодействии с глаголом. Дело в том, что и в английском, и в русском языках прилагательное может выступать в двух различных ролях (приведем номер конструкции по нашей классификации):
a) Я вижу хорошую книгу. - **I see a good book. (P1)**
b) Это - хорошая книга.   - **This is a good book. (P2)**
c) Эта книга - хорошая.   - **This book is good. (P3)**
или: "Этот стол хорош" - в русском языке есть на этот случай даже специальная укороченная форма прилагательного. В английском, к счастью, никаких новых форм нет.

24

Итак, в примерах (a) и (b) прилагательное (как ему вроде бы и положено) стоит перед существительным и вкупе с артиклем его определяет. Глагол в этом случае может быть любой, прилагательное с ним не связано.

Но посмотрите на пример (c). Прилагательное ушло от существительного и теперь ориентировано на глагол, став частью сказуемого.

Это и есть **Pattern 3**.

This house is big.   - Этот дом — большой. (Этот дом **был** большой. Если перевести фразу прошедшим временем - виден русский глагол.)
My table is small.   - Мой стол - маленький.

Сейчас самое время расширить запас прилагательных.

red	[red]	-красный	**black**	[blæk]	- черный
green	[gri:n]	-зеленый	**white**	[wait]	- белый

grey	['grei]	-серый	**yellow**	['jelou]	- желтый
brown	[braun]	-коричневый	**blue**	[blu:]	- синий, голубой

old	[ould]	- старый	
new	[nju]	- новый	это о вещах

old	[ould]	- старый	
young	[jʌŋ]	- молодой	это - о людях
an old man		- старик	

И еще одна хитрая парочка:

(a)   **right**   [rait]   - правый
(a)   **left**   [left]   - левый

     my left hand   - моя левая рука

     right   - правильный
     wrong   [rɔŋ]   - неправильный

ⓜ	You are right. - Вы правы. That is right. - (Это) правильно.	(n) **right** **to have a right**	- право - иметь право

ⓜ You are wrong. - Вы не правы.
That is wrong. - (Это) неверно.

Pattern 3, примеры

His car is red. — Его машина - красная.
This book is very old. — Эта книга - очень старая.
I am wrong. This picture is — Я не прав. Эта картина плохая.
bad.

Обратите внимание: как правило, в **Pattern 3** используется один глагол - **to be** (в русском языке - то же самое).

Попробуем сочетать известные нам конструкции 1, 2 и 3.

I live in a big house. It is new.
My brother plays with his dog. It is very big.
This is a new picture. It is interesting.

> Отметим еще, что лингвисты называют эти два способа употребления прилагательного атрибутивным (перед существительным, например, **a good boy**) и предикативным (**Pattern 3, the boy is good**). Различие между ними действительно глубокое. Большинство прилагательных может выступать и в той и в другой форме. Однако бывают прилагательные, которые могут употребляться только по типу **Pattern 3**. К ним мы еще вернемся.

☞ 2-6. **Фонетические замечания**

Учиться произносить звуки по книге весьма трудно. В то же время многие наши учебники усердно трактуют эту тему и выглядят на первых страницах как пособия по челюстной хирургии. Мы не рискуем ступать на эту исхоженную тропу и собираемся ограничиться лишь направляющими советами, отсылая желающих к лингафонным курсам или личным консультациям.

1) Надо различать правильное произношение звуков и правильное чтение слов. Если у вас есть возможность "поставить произношение" - замечательно. Если нет - поначалу можно произносить звуки просто по-русски (кроме 3-4, которых нет в русском языке). Англоязычный человек легко понимает такую речь, а реальное общение влечет за собой естественный процесс корректировки произношения. Во всяком случае, фонетические заботы не должны отвлекать вас от сути.

Правильным же чтением слов жертвовать недопустимо, без этого изучение языка будет неполноценным. Как вы уже понимаете, в английском языке нет простого соответствия между буквами и звуками, т. е. читается не так, как пишется. Для того чтобы четко передать, как читается любое слово, создана искусственная азбука - транскрипция (дословно - переписывание). Это не дополнительная обуза, а необходимая вам помощь, без нее нельзя научиться читать по-английски.

2) **Транскрипционные знаки**
Гласные звуки   : - знак удлинения

| i | | i: | - и (пить, и-ва)
| ɔ | | ɔ: | - о (тот, О-ля)
| e | - э; шесть
| æ | - средний между а и э
| ʌ | | a: | - а, капкан, да-а
| u | | u: | - у, пусть; шу-ба
| ɛ | - очень "широкое" э
| ə | - нейтральный, безударный звук, как бы смесь всех гласных звуков

В неударной позиции любой гласный близок к нему.

| **Pencil ['pensil], ['pensəl]**
| Ср.: русское театр | ти'а:тыр |

| ə: | - Ударный, долгий (нижняя челюсть вперед) - Гёте

Согласные звуки

| p | | b | | t | | d | | f | | v | -носят чуть более "взрывной" характер

| ʧ | | ʃ | - ш | ʒ | - ж   -мягче, чем русские, ср.: **jazz [dʒæz]** - джаз

| j | - й
| h | - очень легкий звук, просто выдох
| r | - как в слове "ржавый" (кончик языка загнут вверх, как при звуке ж).
| ŋ | - носовое н (рот приоткрыт)
| w | - вытянуть губы (как для у) и резко произнести "в"
| θ |
| ð | - очень трудные звуки. Ближайшие русские аналоги не с и з, а т и д. При этом еще кончик языка распластывается между зубами.

3) **Гласные звуки** | e | | i | всегда произносятся тверже, чем русские. Особенно это заметно в коротких словечках:
it, this, is   - почти как ы
pen, bed, red   - почти как э

4) **Согласные звуки** в английском, в отличие от русского, никогда не оглушаются. Более того, существует даже тенденция к озвончению глухих согласных (к этому мы еще вернемся). А сейчас примем простое правило о произношении согласных: где можно, там звонко. Разберем его на примере произношения -s (множ. число и притяжательный падеж существительных, 3 лицо единств. числа глаголов в простом настоящем времени).

Здесь существует 4 возможных варианта: слово заканчивается на а) гласный звук, б) звонкий, с) глухой или d) шипящий согласный.

a) **boy - boys** | z |
b) **room - rooms** | z |
c) **lamp - lamps** | s | - Только в этом случае окончание нельзя произнести звонко.
d) **class - classes** | iz |

Точно так же обстоит дело при образовании притяжательного падежа существительных и в 3 лице единственного числа у глаголов в простом настоящем времени.

boy's leg	z
dog's leg	z
cat's leg	s
Max's leg	iz

She
plays	z
loves	z
looks	s
dresses	iz

5) Имеются заметные различия в произношении между британским и американским вариантами английского языка (**British and American English**). Мы займемся этим вопросом в 13 уроке, а пока отметим лишь один, самый броский признак **American English**: произносится звук [r] после гласных [ka:r], **mother** [ˈmʌðər], звучит он как бы вполсилы, но явственно. Разумеется, оба варианта английского языка являются "правильными", и вам самим решать, какой вы выберете для себя.

6) Существует еще одна, более подробная транскрипционная азбука, применяемая в американских толковых словарях. Звуки в ней передаются по образцам, например:

a - как в слове cat
a ---"--- play
a ---"--- father

эта транскрипция адресована людям, для которых английский язык родной. Для русскоязычных студентов она менее удобна.

УРОК 3

☞ 3-1. Глагол to have   Pattern 4

Разберем еще один "особый" глагол английского языка - **to have** [hæv] - иметь.

I have a dog. - У меня есть собака.

Прежде всего надо узнать, как он изменяется по лицам (т. е. спрягается). Мы помним, как это происходит у всех обычных глаголов: частичка -s в 3 лице единственного числа - вот все, что осталось от спряжения. У глагола **to be** спряжение более солидное (**Pattern 2**), наверно, с этими важными птицами надо быть поосторожнее. Давайте сделаем такую практическую заметку: чем важнее (т. е. употребительнее) данное слово, тем выше вероятность, что оно будет обладать какими-нибудь отклонениями от общих правил. Но это только вероятность. Например, глагол **to have** этой возможностью распорядился весьма скромно (пока!) - его спряжение несложно.

I have		we	
he		you	
she	has [hæz]		have
it		they	

Итак, **Pattern 4**.

I have a pen. - У меня есть ручка
He has many friends. - Он имеет много друзей
This girl has two brothers. - Эта девушка имеет двух братьев
We have a house. - У нас есть дом.

29

Слова

Перед нами сейчас два очень важных глагола - **do** и **get**. В аристократию группу сильных глаголов - они не вошли; но свою долю особенностей, сложностей они не упустили.

Итак, **to do [du]** - делать.

У него необычная форма 3 лица ед. числа; сравним его с **to go** (тоже глагол-коротышка), который произносится по правилам.

| I форма | - go [gou]; do [du] |
| в 3 л. ед. ч. | - goes [gous]; does [dʌz]. |

Кроме этого, у глагола **to do** еще необычная "работа на стороне" - в роли вспомогательного глагола (см. 4-1).

To get обходится без технических сложностей, а вот значения у него очень непростые. Мы начнем сейчас с самого общего.

to get [get] - получать; значение это очень широкое, возьмем еще такие русские словечки - заполучить, заиметь:

to get a letter	- получить письмо
He gets $ 200 a week.	- Он получает 200 долларов в неделю.
to get a taxi	- поймать такси
to get a cold	- подхватить насморк.

Потом этим глаголом мы займемся особо (ур. 10-4).

И еще у одного глагола нестандартно произносится форма 3 лица ед. числа:

to say [sei] - сказать
I say - he says [sez].

О том, как этот глагол употребляется, мы будем говорить в 5-1.

У английских слов есть очень важная особенность: не меняя формы, они могут переходить из одной части речи в другую, особенно это относится к глаголу и существительному:

| (v) **work [wə:k]** | - работать |
| (n) **work** | - работа |

| (v) **finish [finiʃ]** | - заканчивать | - (у этого слова есть синоним) = **end** (v) |
| (v) **finish** | - конец | = **end** (n). |

Но предсказать заранее, как поведет себя слово, не удается. В каждом случае надо разбираться. Вот показательный пример.
(v) **answer** [ˈaːnsə]   - отвечать   (n) **answer** - ответ
(v) **ask** [aːsk]   - спрашивать
(n) **question** [kwestʃən]   - вопрос
   Еще несколько слов:
(v) **understand** [ʌndəˈstænd] - понимать
   together [tuˈgeðə]   - вместе

too
1) слишком; **This house is too old.**
Этот дом слишком старый.
2) тоже; слово **too** в этом значении отделяется запятыми.

I live in Moscow. My sister lives here, too.
Я живу в Москве. Моя сестра тоже живет здесь.
Too good is not good, too.
Слишком хорошо тоже не хорошо.

other [ʌðə]   - другой | Эти слова близки,
another [əˈnʌðə] - один из несколь-| но путать их нельзя.
                         ких других; еще
                         один

Not this book but the other.   - Не эта книга, а другая.
Give me another cup of tea.   - Дайте мне еще одну чашку чая.

(Подробнее об этом см. ур. 12-6.)

☞ **3-2. Суффикс -er.**

Роль суффиксов в русском и английском языках, в общем, аналогична, благодаря этому русский язык смог заимствовать некоторые из них. Для работы с суффиксами мы введем несложную форму записи, которой дальше будем придерживаться.

1) Данный суффикс всегда действует на определенную часть речи, и в результате получается другая, но всегда одна и та же часть речи, напр.:

Суффикс **-ly**, будучи добавленным к прилагательному, превращает его в наречие. Мы будем записывать это с помощью обозначений:

a   <u>(-ly)</u>   adv.

Такую грамматическую функцию суффиксов обязательно надо усваивать; ведь именно в этом их роль. Они как бы двери, соединяющие комнаты, где живут разные части речи.

Мы начнем с очень важного и распространенного суффикса **-er**

v _____-er_____ n .

Результирующее слово обозначает лицо или предмет, исполнитель действия (о котором сообщал глагол):

(v) **read** - **reader** [ri:də] - читатель
(v) **write** - **writer** [raitə] - писатель
(v) **play** - **player** - тот, кто или то, что играет, напр.:
 piano player, tennis player
(v) **love** - **lover** [lʌvə] - возлюбленный, любовник

run [rʌn]	- бегать	**runner**	- бегун
jump [dʒʌmp]	- прыгать	**jumper**	- прыгун
swim [swim]	- плавать	**swimmer**	- пловец
begin [bi'gin]	- начинать	**beginner**	- начинающий
smoke ['smouk]	- курить	**smoker**	- курильщик.
(n) **smoke**	- дым		

Вот примеры похитрее (для нас и только потому, что в русском отсутствуют соответствующие слова):

eat [i:t]	- кушать, есть	**eater**	- тот, кто ест, едок
		beefeater	- мясоед
drink [drink]	- пить	**drinker**	- тот, кто пьет
sleep [sli:p]	- спать.		

He is a good drinker and sleeper.
Он любитель выпить и поспать.

☞ **3-3.Pattern 5**   Повелительное наклонение

В русском языке для этого случая существует специальная глагольная форма - иди, смотри и т. д. В английском языке дело обстоит проще - повелительное наклонение выражается I формой глагола - **Go! Look!** Подлежащее здесь не нужно, поскольку понятно, к кому вы обращаетесь.

Pattern 5

Go to the table. - Иди к столу.
Look at me. - Посмотри на меня.

Look here! - Стандартный возглас для привлечения внимания, вроде "Послушай!".

Stand up! - Встань!
Sit down! - Сядь!

Эта тема редко вызывает сложности, только с глаголом **to be** будет хитрее.

ⓂНа **Be my friend!** - Будь моим другом.
Be with me. - Побудь со мной.

Мы сейчас не будем акцентировать на этом внимание; в ур. 8-1 возникнет такая же сложность - там и разберемся.

Слова

(v) | **come** [kʌm] - приходить (приезжать)
(v) | **go** - уходить (уезжать)

Мы хотим подчеркнуть второе значение глагола **go** - о нем иногда забывают. В этом значении **come** и **go** противоположны (т.е. являются антонимами).

Ⓜ **People come and people go.**
Люди приходят и уходят.

(n) **people** [pi:pl] - люди - соответствует множ. числу.

Ⓜ **Come here!** - Подойди сюда
Go there! - Отойди туда.
Напоминаем:
here - здесь, сюда │ очень важные служебные слова,
there - там, туда │ у них по два перевода.

with [wið] - с
without [wiðaut] - без.

She comes with her friend and goes without him.
Она приходит со своим другом, а уходит без него.

spring [spriŋ] - весна
summer ['sʌmə] - лето
autumn ['ɔ:təm] - осень - В Америке вместо него употребляют слово **fall** [fɔ:l].
winter ['wintə] - зима
(n) **mistake** [mis'teik] - ошибка
to write without mistakes - писать без ошибок
for [fɔ:] - для. **Do it for me.**- Сделай это для меня.

☞ 3-4. Pattern 6 Глаголы can, must, may

Список "сильных" глаголов продолжают три необычных собрата. Сначала познакомимся с ними по отдельности.

must [mʌst] - должен

I must go.	- Я должен идти (уйти).
You must read this book.	- Вы должны прочесть эту книгу.
It must be cold today.	- Сегодня должно быть холодно.

can [kæn] \
may [mei]   мочь - хотя это и близкие слова, но разница между ними существенная

can обозначает физическую возможность сделать что-либо: быть в состоянии; уметь.

I can swim.	- Я могу (умею) плавать.
He can play the piano.	- Он умеет играть на пианино.
We can read English.	- Мы можем читать по-английски.

may - иметь разрешение, право

They may go.	- Они могут идти (им разрешается).
You may take this book.	- Вы можете взять эту книгу.
You may come in.	- Можете войти.

Давайте употребим их рядом:
I understand you can smoke but you may not smoke here.
Я понимаю, что вы умеете курить, но здесь вам курить нельзя.

Вот еще пример из исторического анекдота. К Б. Шоу обратился молодой литератор с вопросом, может ли он переработать одну из пьес Шоу. Ответ был:

You may if you can. - Можете, если сумеете.

May иногда выражает также вероятность того, что действие совершится.
She may come. - Может, она придет.

May be соответствует русскому "может быть".
Ⓜ **May be I am wrong.** - Может быть, я не прав.

А теперь поговорим о том, что объединяет эти три глагола. Необычность их довольно глубока - ведь они сами не обозначают никакого действия, а **управляют** другими глаголами. По сути они едины, ведь если сказать **должен** (уйти) - это значит **не могу** не (уйти).

Мы уже говорили, что некоторые из самых важных глаголов "сильные" - как бы имеют право на грамматические и другие отличия - право, которым они пользуются в разной степени. Так вот эта троица (**can, must, may**) умудрилась отличиться до предела.

В английских учебниках эти глаголы называют дефектными, т. е. недостаточными. Действительно, все разнообразие глагольных форм у них сведено до одной-двух (**must** имеет только I форму; **can, may**-I и II). Они не имеют ни инфинитива, ни причастий и не могут стоять ни в каком времени, кроме простого настоящего и прошедшего.

> Впрочем, и в русском глагол "должен" - единственный, не имеющий ни инфинитива, ни спряжения. Так что отличия коренятся, видимо, в самой природе этих глаголов.

А для практической работы надо твердо запомнить две их особенности:

а) полное отсутствие спряжения.

I can read.   - **He can read.**
You must work.   - **She must work.**

б) другой глагол, стоящий после них в инфинитиве, теряет частицу **to**.

I like to read English books.
I can read English books.

He wants to go home.
He must go home.

В дальнейшем эта группа глаголов потребует дополнительного внимания (см.9-5).

Слова

Несколько простых существительных, имеющих отношение к природе:

forest [´forist]	- лес
flower [´flauə]	- цветок
river [´rivə]	- река
garden [ga:dn]	- сад
field [fi:ld]	- поле; причем любое поле: **electromagnetic f.** - электромагнитное поле
cloud [´klaud]	- облако
animal [´æniməl]	- животное
bird [bə:d]	- птица
sky [skai]	- небо; на небе - **in the sky**, часто встречается также **in the skies** - в небесах

mountain	['mauntin]	- гора	
rain	[rein]	- дождь	
snow	[snou]	- снег	

Эти существительные без изменения переходят в глаголы, которые употребляются иначе, чем в русском.

(M) It rains.   - Идёт дождь.
It snows.   - Идёт снег.

☞ 3-5. **Числительные**

Принцип построения числительных в обоих языках в основном аналогичен. Первые номера надо просто вызубрить:

1	- one	[wʌn]	7	- seven	[sevn]
2	- two	[tu:]	8	- eight	[eit]
3	- three	[θri:]	9	- nine	[nain]
4	- four	[fɔ:]	10	- ten	[ten]
5	- five	[faiv]	11	- eleven	[i'levn]
6	- six	[siks]	12	- twelve	['twelv].

Далее используются специальные суффиксы (в русском - надцать, а для десятков получится разнобой - 20, 40, 70, 90). В английском варианте порядка больше.

    -teen   -ty

				20	- twenty	['twenti]
13	-thirteen	[θə:'ti:n]		30	- thirty	[θə:ti]
14	- fourteen	['fɔ:'ti:n]		40	- forty	['fɔ:ti]
15	- fifteen	['fif'ti:n]		50	- fifty	['fifti]
16	- sixteen	['siks'ti:n]		60	- sixty	['siksti]
17	- seventeen	['sevn'ti:n]		70	- seventy	['sevnti]
18	- eighteen	['ei'ti:n]		80	- eighty	['eiti]
19	- nineteen	['nain'ti:n]		90	- ninety	[nainti].

(Оба слога ударны)   (Ударение только на 1-й слог)

Обратите внимание на первые 4 строки в каждом столбце: в них меняется написание корня слова; остальные корни числительных не меняются.

Числительные от 20 до 100 образуются без всяких сложностей, так же, как и в русском языке.

25	- twenty-five	43	- forty-three
68	- sixty-eight	77	- seventy-seven.

Остается еще несколько слов:
0	- zero ['zirou]
100	- hundred ['hundrid]
1 тыс.	- thousand ['θauzənd]
1 млн.	- million ['miljən]
1 млрд.	- billion. (В Америке употребляют его вместо **milliard**)

Обратите внимание: эти числительные не меняют своей формы во множ. числе:
five hundred books - 500 книг
six thousand cars - 6 тыс. машин
seven million dollars - 7 млн. долларов,
но когда они употребляются в качестве существительных (сотни, тысячи, миллионы), частица **-s** занимает свое место вместе с предлогом **of**:
hundreds of books - сотни книг
thousands of cars - тысячи машин
millions of dollars - миллионы долларов.

Счет сотнями может доходить до двух тысяч, а не до одной, как в русском:
seventeen hundred soldiers - 1700 солдат.
Обратимся теперь к большим числительным:
125 - **one hundred and twenty-five.**
777 - **seven hundred and seventy-seven.**
2344 - **two thousand three hundred and forty-four.**

Длинновато, не так ли? Как же все англичане это выговаривают? Дело, видимо, в том, что в реальной речи такие числа используют редко - их обычно округляют. Однако в одном случае точность необходима: когда называют годы. Здесь в английском языке появился упрощенный вариант, которым все и пользуются (слово "год" при этом не ставится):
1976 - **nineteen-seventy-six,**
в 1969 г. - **in nineteen-sixty-nine.**

С произношением трехзначных чисел обычно мирятся, кроме тех случаев, когда число приходится часто повторять (скажем, называть номер в гостинице) - тогда его просто произносят по цифрам; таким же образом часто называют и телефонные номера:
325 - **three-two-five.**

Похоже, что разговорный язык не очень жалует слово **zero** [**zirou**], ноль, поэтому употребляются и другие слова с этим значением:
nil [**nil**]; **nought** [**nɔ:t**].

Когда же число называют по цифрам, ноль произносят как букву "о" - [**ou**]:
704 - **seven-o-four**.

В английском языке целая часть числа отделяется от дробной не запятой, а точкой:
пять целых, семь десятых = **5.7** = **five point seven**.

Запятая же употребляется для разделения разрядов в больших числах:
5,000,000 - 5 миллионов.

Проценты пишутся так:
37% = **37 per cent** (т. е. 37 на сотню), **cent** отдельно и в единственном числе.

В английском языке есть любопытное слово **teenager** [**ti:nˈeidʒə**], которое связано с числительными.
(n) **age** [**eidʒ**] - возраст; **-teen** - суффикс, образующий числительное от 13 до 19.
teenager - человек "**teen**"-го возраста (от 13 до 19 лет).

УРОК 4

☞ 4-1. **Принципы преодоления грамматических сложностей. Вопросы.**

До сих пор мы учились составлять простые английские фразы, а сложных моментов сознательно избегали. Напомню - сложным мы будем считать то, что резко отличается от русского образца. Понятно, что подход этот не научный, а чисто практический. Практическим будет и выигрыш - окажется, что существует несколько простых, но очень важных принципов, которые описывают эти различия. Мы начнем разбирать эти принципы на примере построения вопросительных и отрицательных предложений.

Тема эта традиционно трудная для русскоязычных студентов, за ней часто тянется длинный "хвост" ошибок, кстати, неумение построить вопрос (а оно влечет и ошибки в ответах на чужие вопросы) - одно из мощных препятствий на пути к нормальной устной речи.

Все наши рассуждения пока относятся к одному грамматическому времени (имя ему мы дадим позднее), важно, что оно простейшее для нас.

Итак, Принцип 1: Глаголы английского языка неравнозначны.

Они обладают неравными грамматическими возможностями и делятся по этому признаку на две группы - сильные и слабые. Сильных глаголов всего 10, пять самых употребительных из них мы уже знаем **(to be, to have, can, must, may)**; число, как видите, невелико, но нагрузка на них падает огромная. Все остальные глаголы (их много тысяч) - слабые.

В русском языке такого деления нет, с точки зрения грамматики глаголы в нем равноправны. А в английском языке это различие маскируется тем, что в простых утвердительных фразах все глаголы ведут себя, в общем, одинаково:

He is a boy. **This book is good.** **We have a car.** **You can read.** **She must go.**	Это сильные глаголы, **Pattern 2, 3, 5, 6.**
I like music. **You read books.** **She goes with me.**	Это слабые глаголы, все они представляют **Pattern 1.**

Различия начинаются, когда возникают грамматические сложности, и состоят они вот в чем: сильные глаголы преодолевают грамматические сложности самостоятельно, а слабые этого сделать не могут и нуждаются в помощнике, который называется вспомогательным глаголом (Принцип 2).

Разберем сначала, как в английском языке строятся вопросительные предложения. Правило такое: в утвердительном предложении надо поменять местами подлежащее и сказуемое (т. е. установить обратный порядок слов). Иначе говоря, глагол должен выйти вперед.

Для сильных глаголов тут нет проблем:

Утвердительное	Вопросительное
He is a boy. **The book is good.** **You have a car.** **I can read.** **She must go.**	**Is he a boy?** **Is the book good?** **Have you a car?** **Can I read?** **Must she go?**

Слабые глаголы не могут менять свое место в предложении. Но ведь правило требует, чтобы впереди подлежащего появился глагол. И язык пошел таким путем: вводится вспомогательный глагол, задача которого в том, чтобы встать впереди подлежащего и этим показать, что предложение является вопросом. Эту роль выполняет глагол to do.

You play tennis.	**Do you play tennis?**
They like music.	**Do they like music?**

При переводе на русский вспомогательный глагол опускается:

Do you go to school?	Вы ходите в школу?
Do they swim well?	Они хорошо плавают?
Do I know this man?	Знаю ли я этого человека?
Do you understand me?	Вы понимаете меня?
Do you want to eat?	Хотите ли вы есть?

Возвращаемся к сильным глаголам:

Can you read English?	Вы можете читать по-английски?
May I come in?	Можно мне войти?
Have you friends in Kiev?	Есть ли у вас друзья в Киеве?
Is that girl your sister?	Та девушка - ваша сестра?
Must I read this text?	Должен ли я прочитать этот текст

Обычно в роли вспомогательных выступают сильные глаголы, а **to do** почему-то не удостоился этого звания. Поэтому может случиться, что в предложении он будет фигурировать дважды - в грамматической и в смысловой роли:

Do you do your homework?	- Делаете ли вы домашнее задание?
What do you do?	- Что вы делаете?

Слова

(n)	**help [help]**	-помощь
(v)	**help**	-помогать

Help me! -Помогите мне. **With your help.** - С вашей помощью.

(v)	**fall [fɔ:l]**	-падать	**waterfall**	-водопад
(n)	**fall**	-падение	**snowfall**	-снегопад
(v)	**sing [siŋ]**	-петь	**to sing a song**	-петь песню
(n)	**song [sɔŋ]**	-песня		

She sings all day. — Она поет весь день.

(a)	**hot [hɔt]**	-горячий	**It is hot here.**
	warm [wɔ:m]	-теплый	Здесь очень жарко.
	cool [ku:l]	-прохладный	**It is cold outside.**
	cold [kould]	-холодный	На улице холодно.
(n)	**cold**	-насморк, простуда.	
(a)	**dirty ['də:ti]**	-грязный	Это
(a)	**clean [kli:n]**	-чистый	антонимы.
(a)	**clean**	-то, что можно помыть: **a clean table**	
(a)	**clear [kliə]**	-ясный, чистый: **clear sky**	
(v)	**wash [wɔʃ]**	-мыть; **I wash my hands.** - Я умываю руки.	
(n)	**dish [diʃ]**	-посуда; **to wash dishes** - мыть посуду.	

Два глагола называют виды передвижения:

(v)	**walk [wɔ:k]**	-ходить (пешком), гулять
(n)	**walk**	-ходьба, прогулка
	to go for a walk	-пойти на прогулку
(v)	**ride [raid]**	-ездить верхом, на велосипеде, на машине
(n)	**ride**	-поездка
(v)	**drive [draiv]**	-водить машину.

☞ **4-2. Отрицания**

Сначала обратим внимание на два похожих словечка - **no** и **not**.

Обратимся к русскому языку. "Нет" - это самостоятельное слово: Хотите есть? - Нет. Частица "не" ставится перед глаголами, она их "отрицает" - не люблю, не хочу. Соотношение между русскими и английскими отрицательными частицами довольно четкое:

no = нет
not = не

В английском языке частица **not** ставится после глагола, который она отрицает.

Если в предложении имеется сильный глагол, то для построения отрицания нужна только частица **not** после него.

I <u>am</u> a doctor.	I <u>am not</u> a doctor.
He <u>is</u> a student.	He <u>is not</u> a student.
We <u>can</u> sing.	We <u>can not</u> sing.
You <u>must</u> work.	You <u>must not</u> work.

И только глагол **to have** вдруг вспомнил о своей исключительности - вопреки логике он требует после себя частицу **no**:
I have no car.   У меня нет машины.
He has no friends.   У него нет друзей.

Правда, как видите, и в русском похожая история. Этот момент потребует внимания, но это не трудно.

Если в предложении нет сильного глагола, то перед слабым глаголом появляется вспомогательный **to do**, после него - частица **not**, а все остальное не меняется.

**I play. I do not play.
They read. They do not read.**

**They do not work.
We do not like this picture.
I do not want to go to school.
I do not understand you.**

Но:

**I cannot understand you.
I am not your friend.
You have no right to go there.**

В этой теме есть еще один серьезный момент. Вы обратили внимание, наверно, что в этом уроке слабые глаголы появлялись только в 1 и 2 лице - ведь в 3 лице есть еще дополнительное осложнение (частица **-s**). Чтобы и в будущем справляться с подобными проблемами, сформулируем Принцип 3:

Если слабый глагол, уже воспользовавшись помощью вспомогательного, нуждается еще в каком-либо изменении своей формы, то все эти дополнительные изменения берет на себя вспомогательный глагол.

В данном случае изменение вроде бы несложное (**-s** в 3 лице ед. числа), тем не менее здесь часто бывают ошибки.

**Do you go with us? Does he go?
I do not smoke. She does not smoke.
He works. He does not work. Does he work?**

Слова (употребляются без артикля)

salt [sɔ:lt]	- соль	
sugar ['ʃugə]	- сахар	
tea [ti:]	- чай	
milk [milk]	- молоко	
bread [bred]	- хлеб	
butter [bʌtə]	- масло; **bread and butter** - бутерброд	
meat [mi:t]	- мясо.	

☞ **4-3. Вопросительные слова**

Поначалу эти слова частенько путают; кроме того, они кое в чем отличаются от своих русских аналогов, но их необходимо выучить твердо и правильно.

what [wɔt]   1) что   **What do you want?**
                                  Что вы хотите?
                                  What does he do?
                                  Что он делает?
                  2) какой   **What music do you like?**
                                  Какую музыку вы любите?

За словом **what** во 2 значении всегда следует существительное.

when [wen]   когда   **When do you go to bed?**
                                  Когда вы ложитесь спать?
                                  When can I see you?
                                  Когда я могу вас увидеть?
why [wai]   почему   **Why do you smoke here?**
                                  Почему вы курите здесь?
                                  Why must you go?
                                  Почему вы должны идти?
where [wɛə]   1) где   **Where do you live?**
                                  Где вы живете?
                  2) куда   **Where do you go?**
                                  Куда вы идете?
who [hu]   кто   **Who is this boy?**
                                  Кто этот мальчик?

На вопрос: **Who are you?** - Кто вы? - можно ответить:
I am Mr. Smith или **I am her brother** и т. д.
Вопрос: **What are you?** - Что вы собой представляете? - требует других ответов, напр.: **I am a doctor, an engineer, etc.**

how [hau]	как	**How do you like it?** Как вам это нравится? **How must he go?** Как он должен ехать?
which [witʃ]	который	1) какой из нескольких (если выбор ограничен) **Which boy is your brother?** Какой из мальчиков ваш брат? 2) в значении союза: **A house which I know.** Дом, который я знаю.
whose [hu:z]	чей	**Whose book is it?** Чья это книга?
whom [hum]	1) кому 2) который (союз; о людях)	**Whom do you write?** Кому вы пишете? **A man whom I know.** Человек, которого я знаю.

И, наконец, довольно громоздкий способ передать русское понятие "сколько".

сколько ⟶ **how many** для исчисляемых существительных
⟶ **how much** для существительных массы

How many sisters have you?
How many cats do you see now?
Но:
How much tea can you drink?
How much bread do you want?

Ⓜ **How much do you smoke?**

Обратите внимание: вопросительное слово может присоединять к себе другие слова, определяющие то же существительное.
What books do you read?
What new interesting English books do you read?

Умение правильно и быстро построить вопрос или отрицание - совершенно необходимый элемент устной речи. Вы можете придумать десятки естественных примеров типа:

Почему ты здесь? Что ты ешь? Я не умею танцевать.

Поработайте как можно больше с такими примерами, фиксируйте их в текстах, речи, пока не привыкнете к ним.

☞ 4-4. Дополнительные замечания

Существует ряд моментов, которым принято уделять внимание.

1. Укороченные ответы на вопросы.
Do you like music? Yes, I do, or No I do not.
Is your brother a student? Yes, he is, or No he is not.

Боюсь, что такие ответы встречаются чаще на уроках, чем в жизни; но нам важно другое. С точки зрения изложенных принципов здесь нет нового. Требуется максимально укоротить фразу - существительное заменяется местоимением, остается только сильный глагол (или его дублер - вспомогательный), остальные члены предложения опускаются.

2. Есть еще особый вид вопросов (так называемые вопросы к подлежащему); встречаются они не часто, и мы их рассмотрим позднее (10-3).

3. Сокращенные формы.
I do not play = I don't play.
Эти сокращения очень часто встречаются в разговорной речи, но вам можно не спешить с ними. Дело в том, что это естественные образования, и когда ваша речь станет беглой, они появятся сами собой. На первом же этапе важно, чтобы они не отвлекали внимания от главного - правильного построения фраз.

I am = I'm
he is = he's
he has = he's
you are = you're
I have = I've
I do not = I don't [dount]
he does not = he doesn't [dʌznt]
I cannot = I can't - единственный случай, когда частица **not** пишется слитно.

4. В последнее время **American English** "разжаловал" глагол **to have** из сильных в слабые:
Do you have a car?

Но знать исходный вариант все равно надо. Некоторые атрибуты "силы" **to have** все же сохранил, например, возможность служить вспомогательным глаголом.

5. Частица **no** перед существительными переводится словами "нет", или "никакой".

Ⓜ **No problem !**   Никаких проблем.
    No questions!   Нет (никаких) вопросов.

В этой роли **no** является определителем существительного и исключает любой артикль.

(Посл.) **No song, no supper.**   Не споешь, не поужинаешь.

Слова

(v)	put [put]	класть
(v)	cry [krai]	кричать, плакать
(n)	cry	крик
(v)	try [trai]	пытаться, стараться; пробовать
(v)	hope [houp]	надеяться
(n)	hope	надежда
(n)	color [kʌlə]	цвет; **What color is your car? It is red.**

Ряд глаголов может иметь по два дополнения.

Give the book to me.
                                Дай мне книгу.
Give me the book.

I want to write you a letter.   Я хочу написать вам
I want to write a letter to you.   письмо.

     also [ˈɔːlsou]   тоже, также
     about [əbaut]   1) о, 2) насчет
     She sings about love.   Она поет о любви.
     What about dinner?   Что насчет обеда?

Запомните, глагол **think** может требовать необычного предлога.
     I think of you.   Я думаю о тебе.

УРОК 5

☞ **5-1. Pattern 7**   Оборот **there is, there are**

There is a table in the room.
В комнате есть стол.
There are books on the table.
На столе имеются книги.

Слово **there** является здесь "фиктивным" подлежащим, переводить его на русский не надо; почему именно оно прижилось на этом месте - неизвестно, так что это идиома - надо выучить и привыкнуть.

Смысл этого оборота можно передать словом "имеется", причем акцент сделан на том, где, в каком месте имеются предметы или люди. В каждом конкретном случае можно найти более удачное русское слово для перевода - находится, расположен и т. д.; слово "имеется" звучит неуклюже, зато подходит всегда.

There is a child in the car!   В машине ребенок!
There are two caps and a   В коробке есть две чашки и
spoon in the box.   ложка.

Повторим еще раз: данный оборот "перечисляет" то, что имеется в интересующем нас месте. Так сказать, "опись имущества". Отсюда ясно, кстати, что описываемые предметы всегда идут с неопределенным артиклем - они нас интересуют не сами по себе, а как представители своей группы.

Русская конструкция выглядит логичнее: акцентируемые слова (обстоятельство места) стоят в начале фразы. По-английски так тоже можно:

Near the river there is a small house.
Около реки есть небольшой дом.

Но чаще всего эти слова в английском варианте стоят в конце, так как сам оборот **there is, there are** уже указывает, на что обратить внимание, и тогда переводить предложение с английского на русский надо с конца.

There are two boys in the picture.
На картине изображены два мальчика.

И еще один пример, чтобы напомнить вам, что слово **there** в этой идиоме "фиктивное", оно "не считается".

There is a dog there.
Там есть собака.

Почему столько внимания этой конструкции? Потому что в данном случае мы сталкиваемся с разной ситуацией в английском и русском языках.

Сравните:

| I have a table. | У меня есть стол. |
| There is a table in the room. | В комнате есть стол. |

В английском языке оборот **there is (are)** отличается от близкой по смыслу конструкции (в русском, как видите, они похожи). Этот оборот очень часто употребляется в английском языке.

Конструкции **I have** и **there is (are)**, видимо, не случайно связаны.

Посмотрите, как они выглядят в отрицательной форме:
I have no books.
У меня нет (никаких) книг.
There are no books on the table.
На столе нет (никаких) книг.
There is no fire without smoke. (Посл.)
There is no smoke without fire.

| How many children are there in your family? | Сколько детей у вас в семье? |
| There are seven of us. | Нас семеро. |

Части тела

face [feis]	-лицо	**eye [ai]**	-глаз
nose [nouz]	-нос	**ear [iə]**	-ухо
mouth [mauθ]	-рот		

Эти слова очень похожи, сразу старайтесь не путать:
(n) **head [hed]** -голова
(n) **heart [ha:t]** -сердце
(n) **hair [hεə]** -волосы - это слово единственного числа.
His hair is grey. - У него седые волосы.
body [bɔdi] - тело.

В словарях дается транскрипция через [ɔ], но в живой речи чаще всего слышно [ʌ].

Теперь три важных служебных слова, которые часто путают из-за их сходства. Мы даем их рядом, чтобы их легче было различать; знать их надо твердо.

	always ['ɔ:lweiz]	всегда
	almost ['ɔ:lmoust]	почти
	already [ɔ:l'redy]	уже
	only ['ounli]	только

"For your eyes only" - one of the books about James Bond.

(a)	great ['greit]	великий
(v)	become [bi'kʌm]	становиться
She wants to become a great singer.		Она хочет стать великой певицей.

(v)	call [kɔl]	звать; называть; звонить
(n)	call	зов, звонок
Call the dog!		Позови собаку!
Call me Jack.		Зови меня Джек.
Call him today.		Позвони ему сегодня.

Глаголы: **say, tell, speak, talk** - сказать, говорить.

Их значения (по сравнению с русскими) изрядно переплелись, но они отнюдь не равнозначны.

| **say, speak** | произносить слова, говорить |
| **speak** | отражает сам факт речи, а не ее содержание. |

A dog cannot speak. I can speak English.

| (n) | **speech [spi:tʃ]** | речь (вообще и перед публикой тоже). |

Say передает, что сказано, какие слова.

Вот ситуация: у больного что-то с челюстью, вы врач:

| **Try to speak!** | Попробуй говорить! |
| **Say "mama".** | Скажи "мама". |

Прямую речь любого вида передает только **say**.

| **"Oh, my God", she says.** | "О, Боже", - говорит она. |

Но он может передавать и косвенную:

She says that we must go.	Она говорит, что нам надо идти.
I must say that...	Я должен сказать, что...
so to say	так сказать
tell	передавать информацию, рассказывать
I can tell you what she said.	Я могу сообщить тебе, что она сказала (т. е. какие слова она произнесла).

Однако в некоторых случаях эти различия не важны, данные слова близки, но необходимо знать их модели!

(M) **Tell whom?** - Tell me about it. Расскажи мне об этом.
Say what? - She says that to me. Она говорит это мне. (Требует предлога **to**.)

talk [tɔ:k] разговаривать, беседовать (общаться)
We can talk all day. Мы можем болтать весь день.
You must talk with your doctor. Вам надо поговорить с врачом.
Talk to your son about it. Поговорите со своим сыном об этом (здесь возможны два предлога).

(n) **talk** разговор, беседа
talks переговоры.

Существительные, образованные суффиксом **-er**, отражают описание различия.

talker общительный, разговорчивый человек; болтун
teller рассказчик (почему-то еще и кассир в банке - возможно, раньше они были разговорчивее)
speaker говорящий; диктор; докладчик
но: **saying** поговорка (это герундий (8-6), смысл другой)

(n) **Country [ˈkʌntri]** страна
That country is small.
African countries. Африканские страны.
(n) **state [steit]** государство; штат (в США)
(a) **foreign [ˈfɔrin]** иностранный, заграничный
a foreign minister министр иностранных дел
a head of state глава государства
foreign language [ˈlæŋgwidʒ] иностранный язык
country 2-е значение - сельская местность, загород
to go to the country поехать за город
country life, country music сельская жизнь (музыка)
(n) **village [ˈvilidʒ]** конкретная деревня, поселок
(n) **town [taun]** город (противоположность **country**)
towns-man горожанин
countryman сельский житель
Do you want to live in a town or in the country? Вы хотите жить в городе или в деревне?

Есть еще одно английское слово, означающее город.

(n) **city** ['siti] - крупный, большой город; но главным его признаком является административная важность; в древности в city размещался архиепископ.

Итак, населенные пункты по величине и важности:

village ⟶ town ⟶ city.

☞ **5-2. Еще раз о формах глагола**

Мы возвращаемся к этой теме, завершая знакомство с основными деталями простого настоящего времени. Теперь мы можем более определенно поговорить о формах глагола - важнейшей категории с точки зрения практики, строительных блоках для глагольных времен и конструкций.

Сильные глаголы требуют индивидуального подхода к своим формам - **must** имеет только I форму; **can, may** - I и II формы; **to be**, напротив, имеет самостоятельный инфинитив и "строенную" I форму.

Все слабые глаголы образуют 5 форм: инфинитив, I, II, III и -**ing** -формы. Отправная точка - это I форма; ее основная задача - образование простого настоящего времени:

I work. We go. He plays.
I am a doctor. You are right.
It is cold.
We have many books. He can swim, etc.

II форма также имеет одно применение: простое прошедшее время (о нем и том, как образуются II и III формы, см. урок 7-1). III форма имеет 3 разные "нагрузки", они нам понадобятся позднее.

Инфинитив образуется прибавлением частицы **to** к I форме, за исключением **to be**, модальные глаголы инфинитива просто не имеют.

У -**ing**-формы также 3 применения: построение причастия, герундия, времен группы **Continuous**. Мы начнем с причастия как с простейшей функции, которая поможет понять и другие "нагрузки" -**ing**-формы.

Причастие является определением, образованным от глагола:

пишущий - **writing**
работающий - **working**
сидящий - **sitting**

(в -**ing**-форме немая "е" на конце глагола исчезает, а согласная, замыкающая закрытый слог, - удваивается. Все это с единственной целью - чтобы не изменить произношения основы глагола).

A boy reading the book is my friend.
Мальчик, читающий книгу, - мой друг.

A girl opening the door wants to see you.
Девушка, открывающая дверь, хочет вас видеть.

Вдобавок к этому английское причастие исполняет еще и ту роль, которую играет русское деепричастие:

Reading the book, I can see you.
Читая книгу, я могу видеть вас.

Opening the door he smiles.
Открывая дверь, он улыбается.

Living in this country, he knows little about it.
Живя в этой стране, он знает мало о ней.

В первом случае причастие определяет одно существительное, во втором - оно дополняет предложение в целом (и отделяется от него запятой).

Надеемся, что **-ing-** форма глагола **to be** не собьет вас с толку, она бывает вполне обычным деепричастием.

Being his friend, I cannot do that.
Являясь его другом, я не смогу этого сделать.

Вам следует обращать внимание на причастия, когда вы встречаете их в текстах, в разговоре - без них речь суха, безжизненна.

☞ 5-3. Названия стран

Выучим несколько распространенных названий, причем каждое надо знать в трех возможных вариантах (в русском, например: Англия, англичанин, английский).
Запишем простейшие фразы как модель для запоминания.

I live in England.	Я живу в Англии.
My friend is an Englishman.	Мой друг - англичанин.
	(Но чаще употребляется прилагательное)
He is English.	Он - англичанин.
He speaks English.	Он говорит по-английски.

Country (noun)	Nationality (noun or adj.)	Language (adjective)
England	Englishman	English
France [fra:ns]	Frenchman	French
Germany ['dzə:məni]	German ['dzə:mən]	German
Russia ['rʌʃə]	Russian [rʌʃn]	Russian
America	American	American
China ['tʃainə]	Chinese [tʃaini:z]	Chinese
Japan [dzəpæn]	Japanese [dzəpəni:z]	Japanese

Обратите внимание:
1) Все эти слова пишутся с большой буквы.
2) Перед названием языка не ставится предлог: **I speak French**.
3) Два распространенных суффикса для образования прилагательных, называющих национальность и язык:

-ian   - **Australian**   **Canadian**
        [ɔ:streliən]   [kə'neidian]
-ese   - **Vietnamese**   **Japanese**
        [vjetnə'mi:z]

(M)   Are you English? No, I'm American but my parents are from Scotland.

Meals. О еде

Русское слово "еда" имеет два значения:
1) то, что едят, пища - **food [fu:d]; to feed** - кормить
2) процесс приема пищи, трапеза - **meal [mi:l]**

Meals:

всегда без артикля	dinner	['dinə]	- обед
	breakfast	['brekfəst]	- завтрак
	lunch	['lʌntʃ]	- ленч, 2-й завтрак
	supper	['sʌpə]	- ужин

Вместо глаголов (обедать, ужинать) пользуются такими оборотами:
to have dinner
to have supper etc.

Today I have dinner with my brother.	Сегодня я обедаю со своим братом
I have lunch in my office.	Днем я закусываю на работе.
I have supper at home.	Я ужинаю дома.

Только одному из этих слов придан глагол - **to dine [dain]** - обедать.

Отсюда **dining-room** - столовая (т. е. обеденная комната).

☞ 5-4. Определители существительного some, any, no

Чрезвычайно важные, распространенные слова; для нас они не простые, т. к. прямых аналогов для них в русском языке нет. Поэтому не будем торопиться с их переводом, постараемся понять, как они "работают".

1)
a
I have some friends in Kiev.
Have you any friends in Kiev?
I have no friends in Kiev.

b
There is some milk in the cup.
Is there any milk in the cup?
There is no milk in the cup.

Слова **some** и **any** как бы две стороны одной монеты - **some** для утвердительных фраз, **any** для вопросов.

Эти слова указывают на долю, относительное количество объекта, о котором идет речь. Сравните:

I have all new books about music. — У меня есть все новые книги о музыке.
I have some new books about music. — У меня есть несколько новых книг о музыке.

Здесь для перевода подходит русское слово "несколько", однако оно годится только для счетных предметов, но не для таких, как хлеб или молоко. (Теперь уже русский язык стал различать счетные и не счетные существительные, неожиданно, не так ли?)

Отметьте, слова **some, any** говорят не о том, много или мало, а о том, все или не все, целое или только часть. Возьмем для их перевода оборот "некоторое количество" - звучит коряво, но это точнее.

Переведем теперь примеры a) и b)
Итак, для счетных существительных:

a
У меня есть (некоторое количество, несколько) друзей в Киеве; или: в Киеве у меня есть друзья.
У вас есть друзья в Киеве?
У меня нет друзей в Киеве.

Для существительных массы:

b
В чашке есть (некоторое количество, немного) молока; или:
В чашке есть молоко.

> В чашке есть молоко?
> В чашке нет молока.

Как видите, в русском языке эти понятия не слишком существенны, в то время как английский делает на них упор.
Give me some water! - Дай мне воды! Можно еще сказать:

Ⓜ **Give me a glass of water.** Дай мне стакан воды.

Указав точную меру (стакан) взамен приблизительной (**some**).

Слово **any** может употребляться и в отрицательных предложениях:

He has no books = He hasn't any books, или **He doesn't have any books. (Amer.)**
There is no tea there = There isn't any tea there.

Эти варианты равноценны, но лучше ограничиться пока первым, т. к. сейчас важнее всего привыкнуть к "вопросительной" сущности слова **any**.

Have you any questions? или **Do you have any questions? (Amer.)**	У вас есть (какие-нибудь) вопросы?
Yes. I have some questions.	Да, у меня есть вопросы.

2) У изучаемых слов есть еще один оттенок (но только перед счетными существительными):

some	некоторый, какой-то
any	любой, какой угодно (в утвердительных фразах)
no	никакой
Some boy stands near our door.	Какой-то мальчик стоит около нашей двери.
Any child can tell you about it.	Любой ребенок может рассказать вам об этом.
No man can do this.	Никакой (ни один) человек не может сделать это.

Не забывайте, что в английском предложении не должно быть больше одного отрицания.

И еще одна неожиданная деталь: два приведенных здесь варианта слов **some, any** по-разному произносятся. Во втором варианте они произносятся четко, с ударением, а в первом - безударно, смазанно.

Some people ['sʌm 'pipl] don't like ice-cream.	Некоторые люди не любят мороженое.

I want to buy some bread.   Я хочу купить
[səm'bred]   (немного) хлеба.

Надо упомянуть также, что слова **some, any, no** добавляются к числу определителей, исключающих любой артикль (просмотрите еще раз приведенные здесь примеры).

☞ **5-5. Определители существительного much, many, little, few**

much ⟶ много   little* ⟶ мало
many ⟶   few [fju] ⟶

Much, little соответствуют существительным массы, **many, few** - счетным существительным.

many boys, few girls
much time, little money.

Слова **much, many** имеют несколько эквивалентов, заменителей.

many - a good many, a great many, lots (of)
much - a good deal (of), a plenty (of)

Самый распространенный - **a lot of** - и самый удобный, т.к. заменяет оба слова в утвердительных предложениях:

a lot of books   a lot of time.
много книг   много времени.

У слов **little, few** другая особенность - неопределенный артикль изменяет их значение. Без артикля они подчеркивают малое, почти нулевое количество.

I have little money.   т.е. практически без денег,
He has few friends.   без друзей.

В противовес этому **a little, a few** обозначают количество хотя и относительно небольшое, но вполне достаточное для данной цели. Сравните русское:

У меня мало времени. - У меня есть немного времени.

I have a little money with me.
У меня есть с собой немного денег.   (т. е. достаточно, чтобы
He has a few friends in our town.   уплатить, пообщаться)
У него есть немного друзей в городе.

Напомним, что существительные массы относятся к единственному числу. Изредка это не соответствует русскому переводу.

---

* Для ясности напомним: нам знакомы прилагательные **little** и близкое ему **small** - маленький; сейчас мы рассматриваем наречие **little** - мало.

	Time is money.	Время - деньги.
	(Посл.) **No news is good news.**	Отсутствие новостей - хорошая новость.
Ⓜ	**A bit (of)** - немного - дублирует **a little** в живой речи.	

He is a bit young for that. - Он немного молод для этого.
not a bit = not at all - вовсе нет.

Ⓜ **Are you tired?**   **Not a bit.**

    Вы устали?   Ничуть.

☞ **5-6. Предлоги**

Мы уже говорили, что тема эта непростая. Начнем с тех предлогов, действие которых можно изобразить графически.

a) Положение внутри
   и вне объекта **in , out (of)**

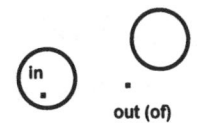

The dog is in the house. Собака - в доме.
The cat is out of the house. Кошки в доме нет.

Второй предлог в этом обороте **(of)** передает родительный падеж (вне чего?). Но он не обязателен, например, вы стучитесь в дом и спрашиваете:

Is Mr. Smith in? **He is out.**
М-р Смит дома?   Его нет.
The ball is out. Мяч ушел в аут (вне поля).

b) Предыдущая пара предлогов дублируется (в русском: внутри - снаружи). Здесь нам понадобится существительное **side** - сторона; бок

inside [insaid] внутри
outside [autsaid] снаружи.
Why are you here? Go outside. Пойди на улицу.
Put one box inside the other. Положи одну коробку в другую.

c) Движение к объекту и от него.
   from the door to the table.
   от двери   к столу
You go to school and she comes from the institute.
Вы идете в школу, а она идет из института.

d) Движение внутрь объекта передает комбинированный предлог **into**.
She comes into the room.
Она входит в комнату.
The river runs into the sea.
Река впадает в море.
Обратный ему предлог вам уже знаком.
Take your hands out of your pockets.
Вынь руки из карманов.

e) Если надо сказать, что предмет не просто выходит наружу из объекта, а движется вдаль, прочь - используют предлог **away**.
Fly away, my bird.
Улетай, птичка.
round [raund] - 1) вокруг = **around**
round the world - вокруг света
around the corner - за углом
round the table - вокруг стола
around the-clock - круглосуточно
(a) **round** - 2) круглый; **the round table** - круглый стол
Ⓜ **Look around!** - Оглянись! **All around the city** - по всему городу.

f) Движение вдоль и поперек длинного объекта (дороги, улицы, реки и т. д.).
They walk along the street.
Они идут по улице.

All along the street - по всей улице
Children must not run across the road [roud].
Дети не должны бегать через дорогу.

Глагол **to cross** означает "пересекать", "переходить"; отсюда и русское слово "кросс".
Обратите внимание, как построен целый ряд служебных слов: приставка **a** (ничего особенного не означающая) плюс корень, определяющий значение слова.

g) Положение относительно плоскости.
The book is on the table.
Книга - на столе.
The dog is under the table.
Собака - под столом.

Этим предлогам неплохо соответствуют <u>на</u> и <u>под.</u>

h) Движение относительно плоскости.

I put the book onto the table.
Я кладу книгу на стол.

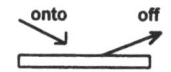

Употребляют этот предлог сейчас редко, вместо него можно поставить **on,** а вот предлог **off** заменить нечем, он показывает отрыв, удаление от объекта (и не имеет ничего общего с предлогом **of**).
Hands off! - Руки прочь (убрать).
The plane takes off. - Самолет взлетает.

i) Положение рядом с объектом

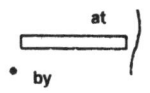

Предлог **by** многозначен и будет нам еще не раз встречаться. Здесь он означает "около; у":
The table is by the door [dɔ:]. Стол стоит у двери.
Sit by my side = Sit beside me. Посиди рядом со мной.
A boy sits at the table. Мальчик сидит за столом.

Предлогу **at** трудно подобрать определенный русский аналог. Этот предлог очень важен и потребует особого внимания. Иногда для его перевода подходит слово <u>при.</u>
At this temperature при этой температуре
Begin at the beginning начинайте сначала.

j) Расстояние от объекта.

(a) | **near** - близкий   (prep.) | **near (to)** - близко (к)
    | **far [fa:]** - далекий | **far (from)** - далеко (от)

The shop is near (to) us. - Магазин находится близко к нам.
He lives far from here. - Он живет далеко отсюда.

k) **before [bi'fɔ:]** - до, перед | относятся и ко времени, и
   after ['aftə] - после | к пространству.

before dinner, after dinner до, после обеда.
After that we go home. После этого мы идем домой.
After all в конце концов, все же.
Wash your hands before a meal. Мойте руки перед едой.
the day after tomorrow послезавтра
the day before yesterday позавчера.

УРОК 6

☞ 6-1. О временах глагола

Начинаем разговор о глагольных временах. Сначала о терминах. Поскольку нельзя обойтись без названий времен, надо понимать смысл этих слов. Названия должны помогать, а не отпугивать.

Tense [tens] означает "время" только в грамматическом смысле.

(а)
| **Present ['presənt]** настоящее
| **Past [pa:st]** прошедшее
| **Future ['fjutʃə]** будущее.

Кроме этого, понятного нам деления по реальному времени, английские глагольные времена разбиваются еще и на "смысловые группы". Всего их 4, нас сейчас интересуют две **(Indefinite, Continuous)** - приведем словарные семьи этих слов.

(v) **define [di'fain]**   определять
(n) **definition [difi'niʃn]**   определение (дефиниция)
(а) **definite ['definit]**   определенный
(а) **indefinite**   неопределенный
(v) **continue [kən'tinju:]**   продолжать
(а) **continuous [kən'tinjus]**   продолженный, продолжающийся.

☞ 6-2. Present Continuous Tense

Попробуем разобраться средствами русского языка, зачем могут понадобиться два настоящих времени. Вывод будет неожиданным: в русском языке их тоже два. Рассмотрим такой пример:

Вы обсуждаете планы на неделю и говорите:

a) Мой брат по средам играет в теннис.

И второй вариант - раздается телефонный звонок: "Что делает твой брат?" Вы отвечаете:

b) Он играет в теннис.

Одна и та же фраза описывает две разные ситуации. Вариант b) - это истинное настоящее время - вы говорите о том, что происходит в данный момент. В случае a) вовсе не говорится о настоящем моменте, речь идет о некоем привычном, повторяющемся действии. Еще раз:

a) По утрам я слушаю радио (сейчас вечер)

b) Сейчас я слушаю радио.

Итак, русский язык одним способом описывает две разные ситуации; для полного понимания такого предложения надо либо знать контекст, либо поставить дополнительные слова (сейчас, по средам).

Английский язык пошел другим путем: он создал два различных времени. Первое - **Present Indefinite** - для описания действия как такового, которое совершается обычно, регулярно или же момент действия не определен (все предложения, появлявшиеся у нас до сих пор, относились к нему). Второе - **Present Continuous** - для описания "сиюминутного действия", которое происходит в данный момент.

Время **Present Continuous** строится с помощью вспомогательного глагола **to be**, а смысловой глагол выступает в **ing**-форме, которая подчеркивает тот факт, что действие продолжается, развивается (ср. русские слова: идущий, играющий).

I am playing	**We**	
	You	**are playing**
He is playing.	**They**	

Запишем сейчас "общую формулу" времен группы **Continuous**.
Contin. = to be + (verb)-ing.
Эта форма записи должна напомнить, что глагол **to be** принимает конкретные формы, согласуясь с хронологическим временем (например, в **Present Cont. Tense** - $^{am}_{is}$ are).
Смысловой глагол, приняв **-ing**-форму, более уже ни при каких обстоятельствах не меняется (вспомните наш Принцип 3 (4 ур.).
Приводя примеры, попробуем сопоставить два настоящих времени :
He works in the hospital.
Он работает в больнице.
Don't call him, he is working.
Не зови его, он работает (в данный момент).

He reads very much. Он много читает (вообще).
He is reading his play to us. Он читает нам свою пьесу (сейчас).

Water boils at 212 Fahrenheit Вода кипит при 212 Ф (всегда).
The kettle is boiling. Чайник кипит (сейчас).

Обычно при изучении нового времени принято разбирать отдельно построение вопросов и отрицаний. Нам здесь неожиданностей не предстоит.

Вспомним еще раз Принцип 3: все дополнительные сложности принимает на себя вспомогательный глагол (**to be**), а смысловой глагол на них не реагируют.

He is reading.
Is he reading?
He is not reading.

(М) **What do you do?** - Как вы поступаете? (в таком-то случае).
What are you doing? - Что вы делаете? (сейчас)
What are you talking about? - О чем вы говорите?

(М) **What are you doing here?** - Что вы здесь делаете?
I'm waiting for Mary. - Жду Мэри.

Существует ряд глаголов (их можно назвать статическими), которые "не подходят" для идеи **Continuous** (например, **like, want, hear, see, know, understand**). Более полный их перечень можно найти в учебниках, но длинные списки все равно запомнить трудно. Отметим два момента:

1) у многих таких глаголов есть более тонкие значения, для которых возможно время **Continuous**.

1) **What are you thinking about?** О чем вы раздумываете? (в данный момент)
2) **I think you are right.** Я думаю, что вы правы (вообще)

Так что полагаться нам лучше на здравый смысл.

2) Даже глаголы, которые никогда не используются в **Continuous** (как **know**), имеют **-ing-**форму, например в качестве причастия.

Knowing her, I do not tell her about it. Зная ее, я не говорю ей об этом.

Слова. Русскому глаголу "учить" соответствуют 3 английских.

learn [lə:n]	учить, обучаться; выучить
study [stʌdi]	учить, изучать; заниматься
study	изучать осознанно (ср.: штудировать)
to study biology, physics	изучать биологию, физику
learn	учить вообще, в т. ч. путем подражания
to learn to swim (to dance)	учиться плавать (танцевать)
to learn from mistakes	учиться на ошибках
to learn by heart	учить наизусть
(Посл.) **Live and learn.**	Век живи, век учись.

Родной язык учат в детстве таким же путем (неосознанно), поэтому обычно говорят **to learn English; to learn a foreign language.**
Однако о себе вы могли бы сказать

I study English.	Я изучаю английский.
If you want to learn English you must study every day.	Если вы хотите изучить английский, вы должны заниматься каждый день.

В отличие от этих двух глаголов, означающих "получать знания", **teach** - значит отдавать их

	teach [ti:tʃ]	учить, преподавать
	to teach children (students)	учить детей (студентов)
(n)	**teacher**	учитель
	to teach him a lesson	проучить его
(v)	**show [ʃou]**	показывать
(n)	**show**	показ, зрелище
	show-business	индустрия развлечения.
	Show that picture to me. Show me that picture.	Покажите мне эту картину.
(v)	**cut [kʌt]**	резать
(v)	**wait [weit]**	ждать
(n)	**waiter**	официант
	I wait for you.	Я жду тебя.
(v)	**hold [hould]**	держать
(v)	**bring [briŋ]**	приносить
	Take this fish away and bring me a cup of tea.	Унесите рыбу и принесите мне чашку чая.

☞ **6-3. Time**

Поговорим теперь об обычном, неграмматическом времени. Выпишем сначала несколько существительных. Так сказать, вехи на его быстротечном пути.

moment ['moumənt]	момент, мгновение
second ['sekənd]	секунда
minute ['minit]	минута
hour ['auə]	час
day [dei]	день
week [wi:k]	неделя
month [mʌnθ]	месяц
season [si:zn]	время года (ср.: сезон)
year ['jiə]	год
decade [di'keid]	десятилетие
century ['sentʃəri]	век (столетие).

Hour обозначает интервал времени, а **o'clock** - показания часовой стрелки.
Our lesson lasts 2 hours. Наш урок продолжается 2 часа.
It is now 7 o'clock. Сейчас 7 часов.

Однако сейчас слово **hour** стали употреблять и во втором значении. Вы можете услышать по радио:
It is now 7 hours GMT. Сейчас 7 часов по Гринвичу.
(Greenwich Mean Time).

		Wait a moment.	Подождите минутку.
	Ⓜ	**Wait a minute.**	
		What time is it now?	Который час?
	Ⓜ	**What is the time?**	

Разные интервалы времени требуют разных предлогов.

hours	at	At 6 o'clock	- в 6 часов
		At 7:30 (at seven thirty)	- в 7.30
days	on	On Tuesday	- во вторник
		On November, 1st	- 1го ноября
months		in May	- в мае
seasons		in summer	- летом
years	in	in 1976	- в 1976 году
decades		in the 60s	- в 60е годы
centuries		in the 20th century	- в XX веке.

Когда речь идет о времени, русский предлог "через" переводится как **in**:
In two hours you must be at home. Через 2 часа вы должны быть дома.
By 6 o'clock к 6 часам.

Фразы типа "на этой неделе, в прошлом году" в английском не требуют предлога:
Last week на прошлой неделе
This month в этом месяце
Next year в следующем году

Next year I want to go to London. — В будущем году я хочу поехать в Лондон.

Но: **I'm very busy for the next week.** — Я очень занята ближайшую неделю.

Не требует предлога еще один оборот:
два раза в день - **two times a day**
три раза в год - **three times a year.**
I go to school 6 times a week.

Показания часов

(n) **half [ha:f]** — половина
(n) **quarter ['kwɔːtə]** — четверть

Еще два слова демонстрируют новые значения:
(n) **face** - циферблат; **hand** - стрелка.

Минутная стрелка в правой части циферблата - употребляется устаревший предлог **past** - по прошествии:
5 (min.) past two - 5 мин. третьего
a half past eight - половина девятого.

Будьте внимательны - называется час, который уже прошел.
I begin my work at half past nine.
Я начинаю работу в полдесятого.

Слово **min.** в этих оборотах можно опускать.

В левой части - работает предлог **to**:
10 (min.) to four - без 10 (мин.) четыре.
a quarter to six - без четверти шесть.

I finish my work at a quarter to seven.
Я заканчиваю работу без четверти семь.

Сутки делятся на два интервала:
0-12 час. - **a.m.*** | ei em | Называют их всегда
12-24 час. - **p.m.** | pi: em | сокращенно.

6 o'clock a.m. - 6 часов утра; **6:30 p.m.** - 6.30 вечера.

---

* Это сокращения латинских слов:
ante meridiem - до полудня
post meridiem - после полудня.

Более официальное обозначение времени аналогично русскому.

| The train arrives at 21.45. | Американцы такой формой |
| Поезд прибывает в 21.45. | практически не пользуются |

(n) middle [midl] - середина   **in the middle of the week**
                                  в - середине недели
    midday - полдень   **midnight** - полночь.

Русскому слову "часы" (предмет) соответствуют два английских:
    clock - большие часы (настольные, настенные, башенные);
    watch - маленькие часы (карманные, наручные)
Оба слова выступают в единственном числе.

Big Ben is a famous clock.   Биг-Бен - знаменитые часы.
My watch is small.   Мои часы - маленькие.

Теперь выражения для запоминания (модели).

This watch is 5 min. fast.   Часы спешат на 5 минут.
This clock is 10 min. slow.   Часы отстают на 10 минут.
This watch is not running.   Эти часы стоят.

(M) **What day is it? It is Friday.**

(M) **What is the date? It is the first of May.**

(n)   **date [deit]**   дата, число
     up to date   современный, новейший
     out of date   устаревший

(M) **I see him from time to time.**   Я вижу его время от времени.
    The store is open from 10 to 7.   Магазин открыт от 10 до 7.
    Call me back in an hour's time.   Перезвони мне в течение часа

    ago [ə'gou] соответствует русскому "тому назад"
    5 days ago   5 дней (тому) назад.
    3 years ago   3 года —— " ——

(M)   **It's time (to)**   пора (делать что-либо)

It's time to buy a new TV set.   Пора покупать новый телевизор.
It's time for you to go to bed.   Вам пора идти спать.
В обороте "в какое время..." предлог "в" обычно опускается.
What time does the train arrive?

Обратите внимание на два оттенка русского слова "вовремя":
on time - точно по плану, расписанию.
The train arrives on time. - Поезд прибывает вовремя.
in time - не слишком поздно, так, чтобы успеть.
You must be there in time. Вам надо быть там вовремя.

Инфинитив в начале фразы

Вам будут встречаться фразы такого типа:
To learn English you must work.
Английский и русский инфинитивы обычно неплохо соответствуют друг другу, но здесь русская фраза "не получается".
В таком случае перед русским инфинитивом надо добавлять слова "для того, чтобы" или просто "чтобы".
Чтобы выучить английский, надо работать.
В английском языке тоже есть соответствующий оборот - **in order to** - для того, чтобы.
In order to learn English you must work.
Но так получается очень официально. Он подходит, скажем, для научной статьи, а в обычной речи пользуются просто инфинитивом.
He goes to the library to study. - Чтобы позаниматься, он идет в библиотеку.

☞ 6-4. Порядковые числительные

Как и в русском, первые числительные образуются особым образом:

1-й	- (the) first [fə:st]	- 1st
2-й	- (the) second ['sekənd]	- 2nd
3-й	- (the) third [θə:d]	- 3rd

Порядковые числительные обычно употребляются с определенным артиклем (исключение - названия улиц в Америке).
Для образования порядковых номеров выше 3-го применяется один суффикс - **th [θ]**

4-й	- (the) fourth	- 4th
5-й	- (the) fifth	- 5th
8-й	- (the) eigth	- 8th
11-й	- (the) eleventh	- 11th

Далее без особенностей.
Так же образуются и простые дроби: 1/10 - **one tenth**.
Даты обозначаются так: 10 апреля - **the 10th of April** (в письмах, документах: **April 10**).

Разберем второе значение слова **time** - раз.

(М)
I do every exercise many times.	Я делаю каждое упражнение много раз.
He is in London for the first time.	Он в Лондоне в первый раз.
How many times can you jump?	Сколько раз вы можете подпрыгнуть?

First также может выступать в другом качестве - как наречие - "сначала"; **at first** - то же значение - сначала.

First I eat and then I smoke.	Сначала я ем, а потом курю.
first of all	прежде всего

(Посл.)
First things first.	- Сначала о главном.
Last in, first out	- Последним приняли, первым выгонят.

Уточним значения слов **last, next**.

(a)	**last [la:st]**	1) последний (с артиклем **the**);
		2) прошлый - (без артикля)
	the last day of the year	последний день года
	last night	прошлой ночью
(v)	**last**	длиться, продолжаться
	Our lesson lasts two hours.	
(a)	**next [nekst]**	1) следующий (с артиклем **the**);
		2) ближайший, соседний (без артикля).
	When is the next train?	Когда следующий поезд?
	To live next door	быть соседями.
	The cat sleeps next to me.	Кошка спит рядом со мной.

☞ 6-5. Предлоги

a) Положение впереди и сзади

in front of	впереди
(n) **front [frʌnt]**	передняя часть (ср.: фронтон, фронт)
behind [bi'haind]	сзади
You sit in front of me and he sits behind.	Ты сидишь впереди меня, а он сидит сзади.
The moon is behind the clouds.	Луна - за облаками.

b) Движение вперед и назад

forward ['fɔ:wəd]	вперед (ср.: форвард)
back [bæk]	назад, в обратную сторону.

Go forward! Go back! He is back in Kiev.
Give it back to him.
to come back

Он опять в Киеве.

Отдай это ему (обратно).
возвращаться

back - очень важное словечко. Оно еще может быть и существительным. (В русском такого нет.)

(n) **back**
the back of the hand
the back of the head
He lies on his back.

задняя часть чего-либо
тыльная сторона ладони
затылок
Он лежит на спине (т. е. на задней стороне тела).

Put your hands behind your back.
against [ə'geinst]

Руки за спину!

1) против;
2) указывает на опору, фон.

The trees were black against the sky.
to fight against

На фоне неба деревья казались черными.
бороться (против, с)

c) **under**
   below   под   Надо различать эти слова.

under описывает положение под чем-то;
below - ниже, на более низком уровне.
The temperature is 5 below zero.
The dog is under the table.

Температура - 5 ниже нуля.

Собака - под столом.

d) **over**
   above   над

over
•
• above

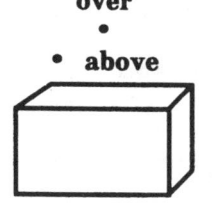

over ['ouvə]
above [ə'bʌv]
see above; see below
above all

непосредственно над объектом
выше
см. выше, см. ниже (ссылки в тексте)
превыше всего, в первую очередь.

There is a lamp over the table. Над столом висит лампа.
The water came above his head. Вода прибыла ему выше головы.

е) Теперь нам легче будет разобраться со следующей парой:
over
through [θru:] | через

Эти предлоги совсем разные, просто русское "через" очень многозначно.

over - описывает прохождение над объектом
through - сквозь объект

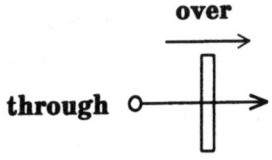

to jump over the wall перепрыгнуть через стену
to jump through the window прыгнуть через окно

f) **among [əˈmʌŋ]**
   between [biˈtwi:n] | между

among - среди; между многих предметов, воспринимаемых как целое, как группа
among the trees между деревьями

between относится обычно к двум раздельным объектам:
to be between two fires быть между двух огней.
This is between you and me. Это - между нами.

ⓜ **What is the distance between Moscow and Kiev?** Каково расстояние между Москвой и Киевом?

ⓜ **What is the difference between A and B?** Какая разница (различие) между A и B?

g) Грамматическая функция предлогов.
Вы помните, что родительный падеж передается в английском предлогом **of**.

Можно так же четко описать и творительный падеж: используется предлог **with** для неодушевленных объектов
A boy writes with a pencil.   Мальчик пишет карандашом.

И предлог **by** - для одушевленных:
A book (written) by Puskin.   Книга, написанная Пушкиным.

h) Присоединяя предлог, глагол может приобретать новое значение:

1 | **put on** | надевать (одежду)
  | **take off** | снимать (одежду)

2 | **get up** | вставать (с постели)
  | **look for** | искать.

Это важное явление, особенно в повседневной речи; тут есть два варианта:

1) Предлог не жестко связан с глаголом - дополнение и предлог можно менять местами.

Put on your coat.
Put your coat on. | Надень пальто.

Или: **Put it on.** Местоимение двигать нельзя, т. к. изменится смысл.

2) Предлог нельзя отрывать от глагола, этот вариант можно назвать глагольной идиомой.
I look for the letter.   Я ищу письмо.

i) Предлоги **in, on, at** описывают положение в пространстве:
in - в 3^x мерном (объем)
on - в $1-2^x$ мерном (линия-плоскость), а **at** - в точке, причем достаточно, чтобы говорящий воспринимал это место как точку, не интересуясь, "что внутри". Поэтому:

We meet at the theater.   Встречаемся в театре (точка встречи).

There are 200 hundred chairs in the theater.   В театре - 200 стульев.

Так же - перед названием города - **in**, если говорящий считает его заметным по величине, и **at** - если для него это лишь географическая точка.

Подробнее о предлогах перед географическими названиями:
```
in - before  continents - in Europe ['juərəp]
    -"-      countries - in France
    -"-      states - in Texas ['teksəs]
    -"-      cites and towns - in Paris ['pæris]
on - before  streets - on Broadway [brɔ:d'wei]
at - before  numbers of houses - at 71 Main
             Street.
```

☞ **6-6. Придаточные предложения**

В целом они строятся так же, как и в русском. Первый вариант - с использованием вопросительных слов:

I know where she is.	Я знаю, где она.
I know what she likes.	Я знаю, что она любит.
I know why she sleeps.	Я знаю, почему она спит.

Второй вариант - с использованием универсальных связок: что; который; чаще всего эту роль исполняет слово **that**:

I know that she is here.	Я знаю, что она здесь.
I know the boy that lives in this house.	Я знаю мальчика, который живет в этом доме.

Непривычным будет лишь один момент: во втором варианте слово-связка часто вообще опускается (особенно в разговоре): простого правила на этот счет, к сожалению, нет.

I know she is here.	Я знаю, что она здесь.
I hope you are my friend.	Надеюсь, вы мой друг.
I like the song he is singing.	Мне нравится песня, которую он поет.

Обратите внимание, запятыми английский язык пользуется весьма скупо. Придаточное предложение выделяется запятыми, если смысл всего высказывания не нарушается при отбрасывании придаточного предложения.

My friend, who is an optimist, always smiles.	Мой друг, будучи оптимистом, всегда улыбается.

Слова

(a) **full [ful]**	полный. Требует предлога **of**.
The room is full of people.	Комната полна людей.

	The box is full. His pockets are full of money.	Коробка полна. Его карманы полны денег.
(adv)	in full	полностью.
	Write your name in full.	Напишите свое имя полностью.

Из этого важного прилагательного образовался суффикс **-ful**.

n ——**-ful**—— adj. Обладающий данным качеством (полный чего-либо).

	thankful	благодарный
	hopeful	надеющийся; обнадеживающий
	peace [pi:s]	мир
	peaceful	мирный
	beauty ['bju:ti]	красота, прекрасное
	beautiful	прекрасный
(v)	use [ju:z]	использовать
(n)	use [ju:s]	польза
(a)	useful	полезный
(v)	feel [fi:l]	1) чувствовать; 2) чувствовать себя
	1) I feel that you are right.	Я чувствую, что вы правы.
	2) I feel bad.	Я плохо себя чувствую.
Ⓜ	1) What do you feel?	Что вы чувствуете?
	2) How do you feel?	Как вы себя чувствуете?
(n)	feeling	чувство
(v)	fill [fil]	наполнять
	to fill the cup	наполнить чашку.

☞ **6-7. Разговорная лексика**

Разбирая разговорные модели извинений, благодарности и т.д., мы хотим поговорить о некоторых особенностях лексики.

Ряд слов или выражений может обладать близким смыслом, отличаясь по степени формальности (ср. русские: возлежать, лежать, валяться).

Вот пример такой цепочки:

1) **How do you do?** Здравствуйте (официальное).

Это - "ненастоящий" вопрос, и отвечать на него не надо. За ним часто следует:

How are you?	**I'm fine, thank you.**
Как поживаете?	Хорошо, благодарю вас.

2) **Hello [he'lou]** - Здрасьте.
3) **Hi! [hai]** - Привет!

В Америке любят обращаться "запросто". Незнакомым людям говорят "Hello", едва знакомым - "Hi". Нормальное приветствие "Hi! How are you?".

Вместо "спасибо" - **thank you. To thank** - обычный глагол, его надо согласовывать с подлежащим.
He thanks you. - Он благодарит вас.

Более разговорная форма - **thanks**, она ближе к русскому "спасибо".

Thank you very much.	Большое спасибо.
Thank you.	Благодарю вас.
Thanks.	Спасибо.

Еще раз обратимся к широте значения слов на следующем примере.
Нельзя ассоциировать слово **please** с русским "пожалуйста".

(v) **please ['pli:z]** - делать приятное	(Обычный глагол
(n) **pleasure ['pleʒə]** - удовольствие	со своей
(a) **pleasant ['pleznt]** - приятный	словарной семьей)

Его присутствие придает фразе оттенок просьбы.
Give me the book, please.

Но вот другая ситуация.
Дайте мне книгу.- Пожалуйста. Это - ответ, а не просьба, и **please** здесь неуместно.
Give me the book. - Here you are.

Наконец, у русского "пожалуйста" есть третье значение - ответ на благодарность
Thank you very much. - You are welcome.

Аналогично: **sorry** нельзя переводить как "извините". Это специфическое прилагательное (см. следующий раздел).

to be sorry - сожалеть	
(n) **sorrow ['sɔrou]** - печаль	Вот его семья.
(a) **sorrowful** - печальный	

He is sorry about it.	Он жалеет об этом.
I'm sorry to say he is ill.	К сожалению, он болен.

А теперь - набор извинений (разной степени выразительности):

I beg your pardon.	Тысяча извинений.
Pardon me.	Простите, пожалуйста.
Excuse me, please.	Извините, пожалуйста.
I'm sorry.	Извините.
Sorry.	Простите. (Невнятно, на ходу.)

Отметим, **I'm sorry** можно употребить только после проступка, а остальные можно и заранее, предваряя беспокойство.

Еще несколько приветствий:

Good morning!	Доброе утро.
Good evening!	Добрый вечер.
Good night!	Спокойной ночи!
Good afternoon!	Добрый день! Слово **day** здесь не годится.
noon [nu:n]	полдень
afternoon	время в середине дня, часов до 5.
Good-bye [gu:d'bai]	До свидания
By-by	сокращенная, разговорная форма.
So long!	Пока!
See you soon!	До скорого!
See you later!	

Восклицания обходятся без глагола:

What a beatiful day!	Какой прекрасный день!
How interesting!	Как интересно!

Русскому прилагательному "хороший" кроме **good** соответствуют еще два слова, они могут заменять друг друга:

fine [fain]	хороший
nice [nais]	хороший, милый.

Ⓜ **That's good (fine, nice)!** (Это) хорошо.
The weather [weðə] is fine today. Сегодня хорошая погода.

(a) **Welcome ['welkəm]** желанный, долгожданный
You are welcome at our house. Мы рады вас видеть.
Welcome to Rome! Добро пожаловать в Рим!

Прилагательные, связанные с глаголом

Ряд прилагательных в английском языке стоит особняком, они употребляются только в связке с глаголом, но не перед существительным:

I am sorry. He looks sorry.

Таких прилагательных немного, но они часто встречаются. Точное их название: прилагательные, используемые предикативно, но оно, пожалуй, длинновато.

to be ready [redi]	быть готовым
* to be busy [bisi]	быть занятым
to be glad [glæd]	радоваться
to be afraid [ˈəfˈreid]	бояться
He is afraid <u>of</u> dogs.	Он боится собак.

Мы знаем значение слова **well** - (хорошо) - это наречие: его второе значение - прилагательное этого типа.

to be well	хорошо себя чувствовать
to be ill	болеть.

How is your mother today? She is | well |
| ill |

Как чувствует себя ваша матушка?

* to be tired [ˈtaiəd]	быть усталым.
I'm tired of music.	Я устал от музыки.

to be sure [ʃuə]	быть уверенным (очень важное слово).
Ⓜ I'm sure I'm right.	Я уверен, что я прав.

В живой речи оно может стоять без глагола, означая "конечно", "наверняка".

Do you know him? - Sure.	Вы его знаете? - Ну, конечно.
of course [əfˈkɔ:s]	конечно (самый простой вариант)
certainly [ˈsə:tənli]	разумеется (более официально)
(a) certain	определенный.

---

* Эти слова изредка употребляются и как обычные прилагательные.

Слова

(v)	break [breik]	ломать(ся), разбивать(ся)
	My heart is breaking	мое сердце разрывается
	to break a stick in two	разломать палку надвое
	to break a window	разбить окно
(n)	break	разрыв, разлом; перерыв
	an hour's break for lunch	часовой перерыв на обед
(v)	fight [fait]	бороться; драться; сражаться
	to fight for peace (against war)	бороться за мир (против войны)
(n)	fight	борьба; драка; бой
(n)	drop [drɔp]	капля
	a drop of water	капля воды
	eye-drops	глазные капли
(v)	drop	капать; ронять, падать
	to drop a cup	выронить чашку
(n)	note [nout]	заметка; записка; примечание; нота
	note-book	записная книжка; тетрадь, блокнот
	to make notes	делать записи, конспектировать (ср.: банкнота, нота (дипломатическая)
(v)	notice	обращать внимание, отмечать, замечать
Ⓜ	Take no notice of her!	Не обращайте внимания на нее.
	I didn't notice you.	Я вас не заметил.
	She left without notice.	Она ушла без предупреждения.
(n)	mark [ma:k]	знак; отметка
	mark of accent	знак ударения
	punctuation marks	знаки препинания
	good marks in English	хорошие отметки по английскому
	trade mark	торговая марка
(v)	catch [kætʃ]	поймать, схватить
	He wants to catch a fish.	Он хочет поймать рыбку.
	to catch a cold	схватить насморк.

УРОК 7

☞ 7-1. Past Indefinite Tense

Пришла пора построить первые фразы в прошедшем времени. Время **Past Indefinite** строится легко - специально для него существует II форма глагола:

I play tennis - I ф. гл.	Present Indefinite
I played tennis - II ф. гл.	Past Indefinite

Здесь нет уже и остатков спряжения (за исключением **to be**), все будет несложно:

I played. He played. We played, etc.

Зато возникает новая проблема: как образуется II форма? Давайте разбираться.

По этому признаку все глаголы делятся на две группы. Одни из них (правильные глаголы) действуют по правилу:

II ф. = III ф. = I ф. + **-ed**.

Буква **e** в "добавке" **-ed** произноситься не должна, а принцип "где можно, там звонко", естественно, сохраняется.

I ф.	II, III ф.
play	- played [pleid]
love	- loved [lʌvd]
look	- looked [lu:kt]

И только в том редком случае, когда I форма заканчивается звуком **t** или **d**, слышна разделяющая гласная:

trust - trusted [trʌstid] - доверять.

Неправильные глаголы образуют II и III формы без четких правил; их придется заучивать. Об этом стоит порассуждать. Во-первых, о количестве - в английском языке около 300 неправильных глаголов. Обойтись без них невозможно - помните мысль, что в исключения имеют тенденцию попадать самые важные слова. Однако большая часть из них встречается нечасто, так что на начальном этапе вам придется выучить II и III форму "всего" для 50-70 глаголов.

> Похоже на противоречие? Дело в том, что современный язык формировался сотни лет назад, и многие слова, бывшие тогда в числе самых важных, свою значимость утеряли (например, жать, прясть и т. д.), часть из них осталась в поэтической, возвышенной лексике.

Второе. У нас уже было деление глаголов на сильные и слабые, оно более глубокое, грамматическое. Сильных глаголов всего 10, и все они, естественно, неправильные с точки зрения форм.

infinitive	I ф.	II ф.	III ф.
to be	am is are	was were	been
to have	have	had	had
-	can	could [ku:d]	-
-	may	might [mait]	-
-	must	-	-

Глагол **to be** даже в прошедшем времени сохранил два варианта: **was** - для единственного числа и **were** для множественного числа.

He was in Paris last summer.	Он был в Париже прошлым летом.
You were with him in the theater.	Вы были с ним в театре.
She had a friend.	У нее был друг.
They could see us.	Они могли нас видеть.

У модальных глаголов большая часть форм отсутствует. **Must** не может стоять ни в одном времени, кроме **Present Indefinite**.

Теперь переходим к обычным, слабым глаголам.

Вот минимальный список неправильных глаголов, необходимых на этом этапе.

I ф.	II ф.	III ф.
begin	began [biˈgæn]	begun [biˈgʌn]
come	came [ˈkeim]	come [kʌm]
do	did [did]	done [dʌn]
drink	drank [dræŋk]	drunk [drʌŋk]
eat	ate [eit]	eaten [i:tn]
fall	fell [fel]	fallen [fɔln]
feel	felt	felt [felt]
get	got	got [gɔt]
give	gave [geiv]	given [givn]
go	went [went]	gone [gɔn]
hear	heard	heard [hə:d]

know	knew [nju]	known ['noun]
leave	left	left [left]
let	let	let [let]
make	made	made [meid]
meet	met	met [met]
put	put	put [put]
read	read [red]	read [red]
say	said [sed]	said [sed]
see	saw [sɔ:]	seen [si:n]
sit	sat [sæt]	sat [sæt]
stand	stood	stood [stu:d]
take	took [tu:k]	taken [teikn]
teach	taught	taught [tɔ:t]
tell	told	told [tould]
think	thought	thought [θɔ:t]
write	wrote [rout]	written [ritn]

Обратите внимание на "хитрое" произношение форм глаголов **read, say**.

Только один глагол (кроме **to be**) строит I и II ф. от разных основ: **go - went**. Но и в русском: иду - шел ; чудеса!

Остальные неправильные глаголы придется заучивать по мере ознакомления с ними. Их принято выписывать с указанием всех трех форм.

Алфавитный список неправильных глаголов дается в любом учебнике английского языка. Поэтому мы не будем его приводить (учить по нему глаголы нереально, а справиться о каком-нибудь глаголе вы сможете в любом словаре). Вместо этого мы попробуем разбить неправильные глаголы на группы по типу образования II и III форм; например :

pay	paid, paid [peid]	платить
lay	laid, laid [leid]	класть, лежать
say	said, said [sed]	сказать - (особенность в произношении) с целью облегчить их запоминание (см. Приложение 2).

Составные глаголы образуют II, III ф. так же, как и "глагольный" компонент - **understand** - **understood** - **understood**.

Итак, примеры употребления **Past Indefinite**.
They did all the work. Они делали всю работу.
After that they went home. После этого они ушли домой.

При построении вопросов и отрицаний надо не забывать, что "дополнительная нагрузка" - переход в **Past Indefinite** - дело вспомогательного глагола, смысловой глагол при появлении вспомогательного принимает I форму.

Did you know that? Вы знали это?
He did not tell us about it. Он не сказал нам об этом.

Слова

Подберем в пары некоторые глаголы. Часть из них мы уже знаем.

(v) look (at) - смотреть
see - видеть

I look at the book but I cannot see the letters. — Я смотрю на книгу, но не могу видеть букв.

listen (to) [lisn] - слушать
hear [hiə] - слышать

I listen to the radio but I don't hear the words. — Я слушаю радио, но я не слышу слов.

look for - искать
find (found, found) [faind, faund] - находить

I found a mistake in your homework. — Я нашел ошибку в вашем домашнем задании.

(a) free [fri:] — свободный
(n) freedom ['fridəm] — свобода
At last I'm free. — Наконец-то я свободен.
Are you free tomorrow? — Вы свободны завтра?

(v) smile [smail] — улыбаться
(n) smile — улыбка

(v) laugh [la:f] — смеяться
(n) laughter [la:ftə] — смех
He laughs at you. — Он смеется над тобой.

(v) move [mu:v] — двигать(ся).
Don't move. — Не двигайтесь.

(n) movement — движение.
He did not move a hand. — Он и пальцем не пошевелил.

(v) watch [wɔtʃ] — наблюдать (он близок к look (at))
He is watching you. — Он наблюдает за вами.

	to watch TV (a football match)	смотреть телевизор (матч)
	Watch the milk!	Посмотри за молоком! (чтобы не убежало)
(v)	follow [ˈfɔlou]	1) следовать; 2) следить.
	Follow me!	Следуйте за мной!
	It follows from what you say that...	Из того, что вы говорите, следует, что...
	They followed all his movements.	Они следили за всеми его движениями.
(a)	following	следующий
	on the following day	на следующий день
	I want to tell you the following.	Я хочу сказать вам следующее.

☞ 7-2. Еще раз о системе времен

Мы уже говорили на уроке 1, что сложность английских времен заключается не в их количестве, а в том, что они иначе организованы.

Русские глагольные времена имеют только одну шкалу - реального времени. Все другие нюансы приспособлены к ней.

В английском языке вдобавок к этому глагольные времена делятся еще на 4 группы, система получается трехмерной.

Каждая группа времен имеет свой смысл, свою сферу применения, которые надо понять.

В нашей схеме пока обозначено 16 времен. Остальные появятся в уроке 9-2.

- будущее
- настоящее
- прошедшее

Future
Present
Past
Future in the Past

Perfect   **Continuous**

Indefinite

Для закрепления этой модели нам кажется удобной аналогия с современным жилым домом, у которого планировка всех этажей одинакова.

У нас есть 4 "этажа": **Future, Present, Past** и **Future-in-the-Past** (непривычный, но зато и менее важный); и четыре "подъезда" - это группы времен **Indefinite, Continuous, Perfect** и **Perfect Continuous**. Группы времен различаются по своей идее, но эти различия в целом сохраняются на всех "этажах" грамматического здания.

Группой **Perfect** нам скоро предстоит заняться (ур. 10-1), а **Perfect Continuous** встречается не так уж часто, и говорить мы о ней будем в самом конце (ур. 12-1).

О различиях между **Present Indefinite** и **Present Continuous** мы говорили в прошлом уроке. Спустимся теперь на "этаж" прошедшего времени.

Past Indefinite   **Yesterday he played tennis.**
                            Вчера он играл в теннис.

Опять-таки момент действия не акцентируется, действие просто называется.

Past Continuous   **When I called him, he was playing tennis.**
                            Когда я позвонил ему, он играл в теннис.

Здесь нас интересует действие, происходившее в данный момент времени, только теперь этот момент ушел в прошлое.
Напоминаем "формулу" построения всех времен группы **Continuous**:
Continuous = to be +(verb)-ing.
Дополнительную нагрузку - переход в прошедшее время - принимает на себя, конечно же, вспомогательный глагол.

Проблема, какое именно время надо употребить, будет нередко вставать перед нами. Язык - очень сложная система, и, чтобы совсем не ошибаться, нужна большая практика (разговора или чтения). Но все же надо различать ошибки узловые и второстепенные. Узловые трудности надо преодолевать сразу, не откладывая. Этому и должна послужить предлагаемая схема времен. У нее есть и второе назначение: научить чисто технически строить времена. 5 несложных формул (с одной мы только что работали) - это все, что вам придется зубрить.

Слова

(a)	**necessary** [ˈnesi səri]	необходимый (ср.: несессер)
(n)	**necessity** [niˈsesiti]	необходимость
(a)	**important** [imˈpɔ:tənt]	важный
(n)	**importance** [imˈpɔ:təns]	важность

Ряд слов может употребляться необычно для нас:

This problem is of great importance.	Эта проблема очень важна.
That is of no use.	Это - бесполезно.

(a)	**difficult** [ˈdifikəlt]	трудный
(n)	**difficulty** [ˈdifikəlti]	трудность
	I have some difficulties with English pronunciation.	У меня есть трудности с английским произношением.
(a)	**different** [ˈdifərənt]	разный, различный
(n)	**difference** [ˈdifərəns]	разница, различие
(v)	**differ** [ˈdifə]	отличаться
	Tastes differ.	О вкусах не спорят.
Ⓜ	What is the difference between this and that?	Какая разница между этим и тем?
Ⓜ	He is different from me.	Он отличается от меня.
	Every time I see her she is in a different dress.	Каждый раз, как я ее вижу, она в другом платье.
	the picture in different colors	разноцветная картина
	I feel a different man now.	Я себя чувствую другим человеком.
(a)	**probable** [ˈprɔbəbl]	вероятный
(a)	**possible** [ˈpɔsibl]	возможный
(n)	**possibility**	возможность.

Еще 2 новых слова:

to be present [ˈprezənt]	присутствовать	(n)	ˈpresence	присутствие
to be absent [ˈæbsənt]	отсутствовать	(n)	ˈabsence	отсутствие

☞ **7-3. Работаем с прилагательными**

| long [lɔŋ] - длинный
| short [ʃɔ:t] - короткий | о предметах

a long stick - длинная палка
a short pencil - короткий карандаш

long имеет важное второе значение - долгий

| long ago a
| long time ago | давно

| high [hai] - высокий
| low [lou] - низкий | о предметах

a high mountain; a low house

| tall [tɔ:l] - высокий
| short - маленький | о людях

a tall boy; He is very short. - Он очень маленького роста.

| wide [waid] - широкий
| narrow ['nerou] - узкий

a wide street; a narrow window

| thick [θik] - толстый
| thin [θin] - тонкий | о предметах

a thick book; a thin ice

| fat [fat] - толстый
| thin - тонкий | о людях

a fat boy; a thin girl

| strong [strɔŋ] - сильный
| weak [wi:k] - слабый
| deep [di:p] - глубокий.

Все количественные характеристики объектов (длина, ширина и т. д.) строятся в английском языке по одному образцу.

(M)   **The house is 20 meters long.**   Дом имеет 20 метров в длину.

Обратите внимание: мы употребляем существительное (длина) и глагол (иметь). Английский язык требует только прилагательного и только глагола **to be**.

The table is 2 m. wide.
The house is 5 m. high.
The boy is 1 m. tall.
The book is 2 m. thick.
The river is 3 m. deep.

Точно так же описывается и возраст.

(M)   **He is 20 years old.**

В обиходной речи можно и короче:
He is 20.

Соответственно этому образцу строятся и вопросы.

(M)   **How old is she?**   Сколько ей лет?
        How long is the house?   Какой длины дом?
(M)   **How tall is he?**   Какой у него рост?

Особая конструкция описывает равенство по какому-либо показателю.

as.....as   такой же, как

as [æz] - как; так как. Потом встретятся и другие его значения. Оно может выступать как наречие, местоимение, союз; в общем, важное служебное слово. Оно никогда не является вопросительным и со словом **how** по значению не пересекается.

He is as tall as his sister.   Он такого же роста, как и его сестра.

Your hand is as cold as ice.   Ваша рука холодна как лед.

He is exactly as old as I (am).   Он точно такого же возраста, как я.

She is not as pretty as her sister.   Она не такая симпатичная, как ее сестра.

Можно сказать короче, тогда получится сравнительный оборот:

Strong as a lion	сильный, как лев
Weak as a chicken	слабый, как цыпленок.

Когда эта конструкция относится к глаголу, русский перевод найти сложнее.

He ran as fast as he could. He ran as fast as possible.	Он бежал быстро, как только мог.

Оборот **as well (as)** - также, вдобавок

She sings well; she plays the piano as well.	Она хорошо поет; она также играет на пианино.
She is tall as well as strong.	Она высокая, к тому же и сильная.

Суффикс -ness*

adj ──**-ness**──▶ n; показывает наличие данного качества.

redness	краснота
blackness	чернота
whiteness	белизна
weakness	слабость
goodness	?
badness	?

Иногда русские эквиваленты нелегко найти.

Суффикс -less*

n ──**-less**──▶ adj; показывает отсутствие данной характеристики

sleepless	бессонный
heartless	бессердечный
senseless	бессмысленный
(n) **sense [sens]**	смысл.

Наконец, два этих суффикса могут выступать совместно:

n ──**-less**──▶ adj ──**-ness**──▶ n.

---

* Все эти суффиксы произносятся безударно, гласная представлена нейтральным звуком: [nis], [nəs]; [lis], [ləs], [lisnis].

weight [weit]	- weightless	- weightlessness
вес	- невесомый	- невесомость

Три прилагательных образуют существительные особым способом:

long	length [leŋθ]	длина
strong	strength [streŋθ]	сила
high	height [hait]	высота, вышина.

☞ 7-4. Степени сравнения прилагательных и наречий

В русском языке сравнительная и превосходная степени прилагательных образуются двумя путями:

1) С помощью суффиксов: длинный - длиннее - длиннейший
2) С помощью дополнительных слов: громоздкий - более громоздкий - самый громоздкий.

В английском языке положение аналогичное. Сравнительная степень коротких слов образуется с помощью суффикса -er* :

    long - longer   small - smaller.

Необходимо еще слово than [ðæn] - чем, и мы можем строить фразы.

A man lives longer than a dog.	Человек живет дольше, чем собака.
Bob is taller than Betty.	Боб выше, чем Бетти.
Betty is shorter than Bob.	Бетти ниже, чем Боб.

Один из английских авторов приводит такой характерный пример употребления high, tall.

    A father is taller than his child, но:
    A child standing on a chair is higher than his father.

Превосходная степень требует суффикса -est (обычно ей сопутствует артикль the - если самый-самый, то, значит, какой-то известный, определенный).

Volga is the longest river in Europe.	Волга - самая длинная река в Европе.

---

* Некоторые слова при этом изменяют написание:
1) в односложных словах удваивается конечная согласная: hot - hotter; big - bigger;
2) конечная -y заменяется на -i: heavy - heavier;
3) конечное -e (немое) опускается: large - larger.
Такие изменения сопутствуют и другим суффиксам, начинающимся с гласной.

This is the shortest way to London. - Это кратчайший путь в Лондон.

В русском языке есть еще и исключения (хороший - лучше, плохой - хуже). То же и в английском. Ниже приведены 4 слова, которые образуют степень сравнения индивидуально; конечно, это самые распространенные слова.

good	better	(the) best
bad	worse	(the) worst
much	more	(the) most
many		
little	less	(the) least

Описанным выше способом образуют степени сравнения все односложные прилагательные и часть двусложных, точнее, те, что оканчиваются на -le, -y, -er, -ow (**simple, happy, clever, narrow**). Помнить это не обязательно, надо просто привыкнуть.

Остальные, "длинные" прилагательные делают это иначе, с помощью слов **more, less, most, least**:

more interesting — более интересный
(the) most ->>- — самый ->>-
She is the most beautiful girl in our class. — Она - самая красивая девушка в нашем классе.
English is less difficult than Chinese. — Английский язык - менее труден, чем китайский.

Теперь о наречиях. Степени сравнения у них точно такие, как у прилагательных. Но здесь стоит покопаться. Оказывается, эти две части речи изрядно перепутались.

Рассмотрим табличку исключений, о которой мы только что говорили. Степени сравнения прилагательных (лучше, хуже) сами являются наречиями. **Much, many, little** - тоже. На это можно махнуть рукой.

Более того. Ряд слов может быть и прилагательным, и наречием:
long - длинный (a): давно - **(adv.) (long ago)**

Вот еще примеры:
This is a fast train. (a)
The train goes fast. (adv.)
(Посл.) **Bad news flies fast.** - Плохая весть летит быстро.

Так же ведут себя **high, low, near, far, hard, early, late** - очень важные слова, которые переходят из прилагательного в наречие, не изменяя формы, без обычного суффикса **-ly**.

Некоторые из этих слов все же присоединяют суффикс -ly, но при этом меняют значение; будьте внимательны.

(adv)
- **hardly** - едва
- **highly** - очень; сильно
- **nearly** - почти
- **lately** - в последнее время

Многие слова имеют более одного значения, при этом несоответствие разных значений слов в русском и английском создает причудливые цепочки:

(a)	**light [lait]** - 1) светлый		**light-grey** - светло-серый
	dark [da:k] - темный		**dark-grey** - темно-серый
(n)	**light** - свет		**light-house** - маяк
(v)	**light (lit, lit)** - зажигать(ся); освещаться		
	lighter - зажигалка		
(a)	**light** - 2) легкий		**a light bag; light music**
	heavy [hevi] - тяжелый		**a heavy box**

(Посл.) **All cats are grey in the dark.** — Ночью все кошки серы.

(a)	**easy [i:zi]**	легкий (нетрудный)
	hard [ha:d]	1) трудный, тяжелый
	Easy come, easy go.	Легко досталось, легко и уйдет.

(a)
- **hard** - 2) твердый, усердный
- **soft [sɔft]** - мягкий

(a)
(adv)
- **hard work** - тяжелая работа
- **to work hard** - упорно трудиться

	as hard as a wall	твердый, как стена
Ⓜ	**It's hard to understand.**	Это трудно понять.
	hard years (times)	трудные годы (времена).
	A book in a hard cover.	Книга в твердой обложке.
	но: **I hardly know him.**	Я его едва знаю.
Ⓜ	**Take it easy!**	Не принимайте близко к сердцу!

☞ 7-5. Дополнительные замечания

a) Слово **much** может усиливать степени сравнения.

Moscow is much bigger than Yalta.	Москва намного больше, чем Ялта.
She eats much more than her brother.	Она ест намного больше, чем ее брат.

b) Не путайте словосочетания:

at least	по меньшей мере
at last	наконец

(n)	**most**	большая часть; большинство.

(Посл.) **Do as most man do, then most men will speak well of you.**

	most of them	большинство из них.

В сочетании с неопределенным артиклем **most** приобретает другое значение - в высшей степени.

	He is a most interesting man.	Он в высшей степени интересный человек.

c) Еще один оборот: два прилагательных в сравнительной степени с определенным артиклем - чем..., тем...

Ⓜ	**The bigger the better.**	Чем больше, тем лучше.
	The more he eats the fatter he becomes.	Чем больше он ест, тем толще становится.

(Посл.) **The more you have the more you want.** — Чем больше имеешь, тем больше хочется.

Вот несколько пословиц:

Last, but not least.
Old friends and old wines are best.
Two heads are better than one.
East or West - home is best.
Better an egg today than a hen tomorrow.
A man can do no more than he can.
The longest day must have an end.

(a)	**quick [kwik]**	быстрый (синоним **fast**)
(a)	**simple [simpl]**	простой
(a)	**bright [brait]**	яркий
(a)	**dry [drai]**- сухой **wet [wet]** - мокрый.	**dry wine, dry weather** **Her cheeks were wet with tears.** Ее щеки были мокрыми от слез.
(a)	**wild [waild]**	дикий
(a)	**safe [seif]**	безопасный
(n)	**safety**	безопасность (ср.:сейф).
(a)	**usual [ˈjuːʒuəl]** - обычный **general [ˈdʒenərəl]** - всеобщий (ср.: генеральный)	

We begin later than usual.	Мы начинаем позднее, чем обычно.
As usual the captain is right.	Как обычно, капитан прав.
general elections	всеобщие выборы
usually; generally	обычно, как правило.
I generally go to bed at 11 oˈclock.	Я обычно ложусь спать в 11 часов.
What do you usually do on Sundays?	Что вы обычно делаете по воскресеньям?

7-6. Существительные в роли определения

Английское существительное обладает одной важной особенностью: будучи поставленным перед другим существительным, оно становится его определением, т. е. исполняет функцию прилагательного.

a shoe store	обувной магазин
a duck egg	утиное яйцо
a stone heart	каменное сердце
a kitchen table	кухонный стол
table tennis	настольный теннис
the South Africa	Южная Африка
London exhibition	Лондонская выставка
a concert hall	концертный зал.

Такие возможности придают английской лексике необычайную гибкость, однако для русскоязычного студента это обстоятельство поначалу непривычно и требует внимания; подобрать русский эквивалент не всегда просто.

Ср.:
a paper wall	бумажная стена
wall paper	обои (стенная бумага)
a pocket book	книга карманного формата
a first-year student	первокурсник
an open-air restaurant	ресторан на открытом воздухе
a front-page story	материал на первой странице газеты.

Подряд могут стоять и три существительных, и даже четыре. Запомните: каждое предыдущее существительное определяет последующее.

Chicago university football team. — Футбольная команда Чикагского университета.

Слова

(a)	**happy** ['hæpi] **lucky** ['lʌki]	счастливый	Между ними есть ясное различие.
(n)	**happiness**		означает радостное состояние духа, счастье
(n)	**luck** [lʌk]		удача, везение
	He is lucky but not happy.		Ему везёт, но он не доволен.
Ⓜ	**Good luck to you!**		Счастливо! (при прощании).
	That's bad luck!		Вот не везёт!
	a lucky man		счастливчик
(v)	**mean (meant, meant)** [mi:n, ment]		1) значить; 2) иметь в виду
(n)	**meaning**		значение.

	What is the meaning of this word?	
Ⓜ	1) **What does it mean?**	Что это значит?
	2) **What do you mean?**	Что вы имеете в виду?
	Your friendship means a great deal to me.	Ваша дружба значит очень много для меня.
(v)	**Spell [spel]**	называть слово по буквам.

Термин этот характерен для английского - ведь зная слово на слух, можно ошибиться в правописании.

(n)	**spelling**	по сути соответствует русскому "грамотность".
	My spelling is bad.	Я плохо знаю написание слов.
	How do you spell your name?	Как пишется ваше имя?
(a)	**kind [kaind]**	добрый
(n)	**kindness**	доброта.
Ⓜ	**That's very kind of you.**	Это очень мило с вашей стороны.
(n)	**step [step]**	1) шаг; 2) ступень
(v)	**step**	шагать, ступать
	Step aside!	Отойди (в сторону).
(a)	**pretty ['priti]**	милый, симпатичный; хорошенький
	What a pretty girl!	(Обычно не относят к мужчинам)
	a pretty garden (picture, song)	приятный, симпатичный.

Есть и переносное значение - довольно, весьма.

| Ⓜ | **It's pretty cold here.** | Здесь довольно холодно. |

УРОК 8

☞ 8-1. Future Indefinite Tense

Простое будущее время строится технически не так уж просто. Для этого требуется вспомогательный глагол, причем, как традиционно излагается, в двух вариантах (**shall** - для 1 лица единственного и множественного числа; **will** - для 2 и 3 лица).

Future Ind. = | shall | + 1 ф. гл.
              | will |

I shall sleep all day.   Я буду спать весь день.
He will go there tomorrow.   Он пойдет туда завтра.
You will hear about me soon.   Скоро вы обо мне услышите.

Применение конструкции со вспомогательным глаголом в простом будущем времени несколько неожиданно - ведь все такие "формулы" описывают целые группы времен. Для утешения обратимся к русскому языку: в будущем времени есть формы "сделаю" (это совершенный вид, см. ур. 10) и "буду делать" - тоже вспомогательный глагол + инфинитив.

У нас появились два новых вспомогательных глагола, **shall** и **will**, обозначающих будущее время. Как мы потом увидим, к ним "приросло" множество других значений (ур. 11). Глаголы эти - сильные, и, следовательно, понятно, как будут выглядеть вопросы и отрицания в будущем времени.

He will sing tonight. Сегодня вечером он будет петь.
Will he sing tonight?
He will not sing tonight.

В живой речи эти глаголы сокращаются:

shall = will = 'll; I'll come. - Я приду.
will not = won't [wount]. Сходство с глаголом **want**, конечно же, чисто случайное. Постарайтесь не путать.

They won't go home. Они не уйдут домой.

А теперь более существенные дополнения.

Два вспомогательных глагола на одно место - это явное излишество. И английский язык (сначала американский, а теперь уже и британский вариант) постепенно отказывается от этого.

Итак, будущее время передается глаголом **will**.

I will go with you. Я пойду с вами.

Во-вторых, признаюсь, что "формулу" будущего времени я для начала немного упростил: как в русском языке, после вспомогательного глагола здесь должен стоять инфинитив смыслового глагола (без частицы **to**). Это и есть **I** форма для всех глаголов, кроме **to be**, у которого инфинитив персональный.

| **Future Indefinite = will + (inf.v - to)** |

I will be a doctor.
I will write you a letter.
He will be there tomorrow.
Both of us will be there tomorrow.
There will be a baby in this house. (Оборот **there is**)

Слова

Наряду с названиями сторон света существуют и соответствующие прилагательные:

n	adj
East [i:st]	**Eastern** ['i:stən]
West [west]	**Western** ['westən] (ср.: вестерн)
North [nɔ:θ]	**Northern** ['nɔ:ðən]
South [sauθ]	**Southern** ['sʌðən]

Поскольку существительное может служить определением (см. 7-6), оба этих "набора" могут переводить русские прилагательные.

	East, West Germany	Восточная, Западная Германия; но:
	Eastern, Western Europe	Восточная и Западная Европа.
	the North Star	Полярная звезда
	the northern lights	северное сияние
(n)	**world [wɔ:ld]**	мир, свет
(a)	**world-wide**	распространенный по всему миру
Ⓜ	**all over the world**	по всему свету
	the Old (New) World	Старый (Новый) свет
	the English-speaking world	страны, где говорят по-английски

Русское слово "мир" имеет второе значение:

(n)	**peace [pi:s]**	мир
(a)	**peaceful**	мирный
	war [wɔ:]	война
	World War II = WWII.	Вторая мировая война
(n)	**piece [pi:s]**	кусок
	a piece of pie	кусок пирога
(v)	**believe [bi:li:v]**	1) верить; 2) считать, полагать.
	1) **Believe in me!**	Верьте в меня.
	I believe in God.	Я верю в Бога.
	2) **I believe he is right.**	Считаю, что он прав.
(n)	**belief**	вера, убеждение
(v)	**change [tʃeindʒ]**	менять, изменяться
(n)	**change**	изменение, обмен
	for a change	для разнообразия
	to change an address	сменить адрес, переехать
	This house changed hands several times.	Этот дом несколько раз менял владельца.
	That's a great change for the better.	Это большая перемена к лучшему.

8-2. Другие способы выражения будущего времени

Оборот to be going (to)

Этот оборот переводится словами "собираться", "намереваться", которые также несут идею будущего времени.

I'm going to play tennis tomorrow.	Я собираюсь играть в теннис завтра.
We're going to meet at 6 o'clock.	Мы собираемся встретиться в 6 часов.

Этот оборот делает акцент на планы, намерения человека. В формальной, письменной речи предпочтительнее употреблять **Future Indefinite Tense**. В живой же, разговорной речи оборот **to be going to** настолько популярен, что может подменять будущее время и в других контекстах.

Be carefull! You're going to break this chair.	Осторожно! Ты сломаешь этот стул.
Look at these clouds. There's going to be a storm.	Посмотри на эти облака. Будет буря.

Он даже имеет свою форму-скороговорку:
going to = gonna ['gɔnə].

I'm gonna see you tomorrow night.	Увидимся завтра вечером.
You're gonna lose that girl. (A song by the Beatles).	Ты потеряешь эту девушку.

Как это ни удивительно, будущее время (и в русском, и в английском) иногда можно выразить и с помощью настоящего времени.

Встречаемся в среду. Завтра я иду в кино.	Ведь речь идет о будущем.

Странное явление, но углубляться нет смысла - в русском языке мы уверенно этим пользуемся. Вот английские варианты "косвенного" выражения будущего: они отражают обычно планы, расписание.

He is leaving tomorrow.	Он уезжает завтра.
I'm busy all day tomorrow.	Завтра я весь день занят.
He is to leave tomorrow.	Он должен уехать завтра (см. 9-5).

Еще один оборот - **to be about (to)**, подчеркивает ближайшее будущее:

 He is about to leave. Он вот-вот уедет.

8-3. Future Continuous Tense

Мы знаем уже два времени группы **Continuous**.

Pres.	**He is swimming (now)**	Действие разворачивается в настоящий момент.
Past.	**He was swimming (when - I saw him).**	Действие развивалось в некоторый момент в прошлом.

Теперь **Future Continuous Tense** - значит, глагол **to be** должен принять форму будущего времени, т. е. **will be**.

Fut. **He will be swimming at 8 p.m.**
   (that is his time in the swimming-pool).

Будущее продолженное время встречается не часто, но представление о нем надо получить. Общая идея времен **Continuous** сохраняется: действие рассматривается в процессе, в развитии, на сей раз в будущем.

1) **The procession is leaving the Town Hall now.** — Сейчас процессия выезжает из ратуши.

2) **It will be passing our house in 20 minutes.** — Она будет миновать наш дом через 20 минут.
They will be working all day tomorrow. — Они будут работать завтра весь день.

Раскрутим еще одну "цепочку слов".

(a)	**true [tru:]**	правильный, истинный
(v)	**to be true**	в русском глагола нет, принято использовать модель с существительным
Ⓜ	**That is true.** **Is it true? It's not true.**	Это правда.
(n)	**truth [tru:θ]**	правда, истина; есть и другая модель:
(n)	**lie [lai]**	ложь

	to tell the truth	говорить правду; однако:
ⓜ	to tell a lie	говорить неправду; возможно, определенный артикль подчеркивает, что правда одна.
(v)	**lie [lai]**	1) лгать - это правильный глагол.
	You lied to me yesterday, now tell me the truth.	
	to come true	осуществляться.
	My dream came true.	Моя мечта осуществилась.
(v)	**lie**	2) лежать - это неправильный глагол.

По сути, это два разных глагола, случайно совпавших в I форме. Причем и в русском тоже - лгу, лягу.

Но это еще не все. Выплывает близкий по значению глагол (v) **lay** - класть, совпавший с его II формой.

lie (lay, lain)	**lay (laid, laid)**
I lay on the grass.	**I lay the books on the table.**
Я лежал на траве.	Я кладу книги на стол.
He lies on his back.	**The hen lays eggs.**
Он лежит на спине.	Курица кладет яйца.
	She laid the table.
	Она накрыла на стол.

(n)	**way [wei]**	1) путь, дорога;
		2) способ, манера, образ
	1) **way in**	вход
	way out	выход
	Look this way, please.	Посмотри в эту сторону.
	by the way	по пути; кстати
	way of life	образ жизни.
ⓜ	2) **Do it my way.**	Делай это по-моему.
	I like the way you talk to me.	Мне нравится, как ты со мной говоришь.
	Do it any way you like.	Делайте как хотите.

☞ **8-4. Неопределенные местоимения типа everything, something и другие**

Мы воспользовались здесь термином только для того, чтобы озаглавить тему. Своей грамматики у этих слов нет, поэтому для нас важно лишь понять их смысл и научиться ими пользоваться в английском языке они очень употребительны.

Слова данной группы состоят из двух элементов; первый отражает количественную сторону дела и имеет 4 варианта:

every	каждый, всякий	●	участвуют все возможные объекты
some	некоторый	◐	участвует часть объектов
any	любой, какой-нибудь	◕	часть объектов; употребляется в отрицательных и вопросительных предложениях
no	никакой	○	не участвует ни один из объектов.

При самостоятельном употреблении **some, any, no** имеют дополнительные, более тонкие значения (ур. 5-4).

Второй элемент в этих словах обозначает качество объекта (предметы, люди и т. д.). Имеется 4 "набора".

1) **thing** - описывает неживые объекты

everything [ˈevriθiŋ] - все.
    Everything is all right.   Все в порядке.

something [ˈsʌmθiŋ] - что-то; кое-что.
    There is something interesting in this article.   В этой статье есть кое-что интересное.
    There is something in it.   В этом что-то есть.

anything [ˈeniθiŋ] - что-нибудь, что-либо.
    Do you see anything?   Вы что-нибудь видите?
    Do you know anything about him?   Вы что-нибудь знаете о нем?
    Did you say anything?   Вы что-то сказали?

nothing [ˈnʌθiŋ] - ничего, ничто.
    There is nothing new in it.   В этом нет ничего нового.

Вот важная модель для закрепления:
    I have nothing to read.   Мне нечего читать.
Ⓜ   **I have nothing to eat.**   Мне нечего есть.
    I have nothing to do.   Мне нечего делать.

Have you anything to read?, etc.
Идиома - **to say nothing (of)** - не говоря (о).
"Three men in a boat, to say nothing of the dog" - название книги Джерома.

2) **body** [ˈbʌdi] - описывает людей
everybody [ˈevriˈbʌdi] - все.
Обратите внимание, в словах этого набора оба элемента ударны.
И второе - дословно эти слова означают: каждый человек, некоторый человек и т. д. и требуют глагола в 3 лице ед. числа.

    Everybody is here.   Все здесь.
    Everybody likes music.   Музыку любят все.

somebody [ˈsʌmˈbʌdi] - кто-то, кое-кто.
somebody is knocking at the door. - В дверь кто-то стучит.
anybody [ˈeniˈbʌdi] - кто-нибудь, кто-либо.
    Is anybody here?   Здесь кто-нибудь есть?
    Do you know anybody in this town?   Вы знаете кого-нибудь в этом городе?

nobody [ˈnouˈbʌdi] - никто.
    There is nobody in the room.   В комнате никого нет.

3) **one** - также описывает людей и, в общем, дублирует второй набор.
everyone [ˈevriwʌn] - все, каждый
someone [ˈsʌmwʌn] - кто-то
anyone [ˈeniwʌn] - кто-нибудь
no one [ˈnouwʌn] - никто.
    Time waits for no one.   Время никого не ждет.

4) **where** - этому слову соответствуют два русских - "где" и "куда", при переводе на русский этот "набор" "раздваивается".
everywhere [ˈevriwɛə]   a) везде, во всех местах
                          b) повсюду, во все места.
    I have friends everywhere.   У меня всюду друзья.
    He goes everywhere by train.   Он повсюду ездит поездом.

somewhere [ˈsʌmwɛə]   a) где-то, кое-где
                          b) куда-то, кое-куда.
    Somewhere someone is crying.   Где-то кто-то плачет.
    He went somewhere.   Он куда-то ушел.
    He must be somewhere near here.   Он должен быть где-то поблизости.

anywhere [ˈeniwɛə]	- a) где-нибудь, где-либо
	- b) куда-нибудь, куда-либо.
Is the child anywhere in the house?	- Ребенок где-нибудь в доме?
Do you want to go anywhere?	- Хотите куда-нибудь пойти?
nowhere [ˈnouwɛə]	- a) негде, нигде
	- b) некуда, никуда.
He has nowhere to live.	- Ему негде жить.
He has nowhere to go.	- Ему некуда пойти.

Американцы иногда заменяют элемент **where** на **place** (**someplace, anyplace**), но это считается нелитературным.

Пословицы:
To know everything is to know nothing.
Everybody's business is nobody's business.

5) В русском языке есть еще один "набор" - с элементом "когда". В английском же нам его придется "собирать по частям".

всегда - **always**	Служебные слова могут стоять
She is always with me.	до или после глагола, в
She always goes with me.	зависимости от того, слабый
	он или сильный.

когда-то - **one day; some day, sometime.**
I hope you will come sometime.
Some time означает просто "некоторое время".
когда-нибудь (для вопроса) - **ever** [ˈevə]. Очень важное слово, оно себя проявит позднее.
никогда - **never** [ˈnevə]

He never lies.	- Он никогда не обманывает.
Never in all my life!	- Никогда в жизни!

В английском языке есть еще несколько слов, включающих такие элементы, но стоящих особняком.
everyday - повседневный (это прилагательное). Если написать его раздельно, смысл изменится.

I see him every day.	- Я вижу его каждый день.
People use this apparatus in everyday life.	- Люди используют этот прибор в повседневной жизни (в быту).

sometimes	- иногда (здесь **time** - в значении раз).
Sometimes I don't believe her.	- Иногда я ей не верю.
somewhat	- в некоторой степени; немного
This film is somewhat strange.	- Этот фильм несколько странный.
somehow	- как-то, каким-то образом
anyhow	- как-нибудь; так или иначе; как бы то ни было; любым путем
Somehow I'll do this.	- Тем или иным путем я это сделаю.
You won't be late anyhow.	- Так или иначе, вы успеете.

Сюда же примыкает слово **way** в своем широком значении - путь, способ, средство

in every way	- по-всякому
He is a clever man in some ways.	- В некоторых отношениях он умен.
Can I help you in any way?	- Могу я вам как-нибудь помочь?
They are in no way alike.	- Они никоим образом не похожи.

Наконец, **none** [nʌn] - нисколько, ни малейшей части, ничто, никто.

Очень емкое разговорное слово. Его нелегко бывает перевести на русский. Годится и для людей, и для предметов.

He has many books. I have none.	- У меня - ни одной.
ⓜ That is none of your business!	- Не твое дело!
None of this money is for you.	- Эти деньги - не для тебя.
none of us	- никто из нас
None of my friends goes with me.	- Ни один из моих друзей не идет со мной.

но: **No one goes with me.** (Здесь не может стоять **of**...).

Как раз "непарные" слова запоминаются легче. Слова же из "наборов", а они наиболее употребительны, поначалу путаются. Надо четко понять их смысл, тогда постепенно вы к ним привыкнете.

8-5. Замена глаголов can, must, may

В 3 уроке мы назвали эти глаголы дефектными - они имеют лишь по 1-2 формы, остальные у них просто отсутствуют. Поэтому, например, мы не можем построить для них будущее время - ведь для этого нужен инфинитив. Как же быть в таких случаях? Язык выработал для них эквиваленты, "дублеры", которые могут стоять в любой грамматической форме.

must = to have (to)

I must go.
I have to go. | Я должен уйти.
I had to go. I'll have to go, etc.

can = to be able (to) - быть в состоянии

Такой заменитель есть и в русском, однако в этом случае он более "официальный", чем **can**.

I can write - I am able to write.   - Я в состоянии писать.
I will be able to write soon.   - Скоро я смогу писать.

В будущем времени эта форма - единственно возможная, она необходима для грамотной речи.

Ⓜ   Will you be able to come? - Вы сможете прийти?
Ⓜ   I won't be able to do it.   - Я не смогу это сделать.

may = to be allowed (to) [ə'laud].

I will be allowed to do it. - Мне разрешат сделать это.

Само слово **able [eibl]** - (а) - способный, могущий.
Существительное **ability [ə'biliti]** - способность.

   a man of great abilities   - человек больших способ-ностей.

Существует еще и суффикс -**able**.

   -able
v ⎯⎯⎯⎯⎯⎯→ adj. Он показывает, что с определен-ным существительным можно осуществить названное действие.

   readable   - читабельный
   drinkable   - (можно выпить)
   transportable   - транспортабельный (мож-но перевезти)
   livable   - пригодный для жилья.

Обратите внимание, в русском языке такого суффикса нет, и поэтому он понемногу заимствуется (транспортабельный, диссертабельный).

Слова **here** и **there** (ур. 2-1) участвуют в нескольких разговорных оборотах.

(M) **Here comes the sun!** — Вот встает солнце!
There goes Bill! — Вон (там) идет Билл!
over here - вот здесь; **over there** - вон там
Do you know the man standing over there? — Вы знаете человека, который стоит вон там?
(M) **I live near here.** — Я живу поблизости.

Слова

(v)	live	- жить	die [dai]	- умирать
(n)	life	- жизнь	death [deθ]	- смерть
(a)	living	- живой	dead [ded]	- мертвый

alive [ə'laiv] — связано с глаголом (6-7).

Our dog is alive.
Is he living or is he dead? — Он жив или умер?
He died of cancer. — Он умер от рака.
He died at the age of 60. — Он умер в возрасте 60 лет.
She's dying to know this secret. — Она страшно хочет узнать этот секрет.
(v) **kill [kil]** — убивать.

Нам надо разобрать вторые значения двух известных нам слов. Можно сказать и так: это два новых, очень важных слова, случайно совпавших с ними.

(n) **kind** — вид, тип, род

He is a kind of a man I don't like. — Он человек того типа, который мне не нравится.
(M) **What kind of music do you like?** — Какую (какого типа) музыку вы любите?

У него есть два синонима: **sort [sɔ:t]** - сорт и **type [taip]** - тип.

What sort of people does he think we are? — За кого он нас принимает?
She is the woman of the Italian type. — Она женщина итальянского типа.
(a) **like** — подобный, похожий; как
Like his brother, he is very tall. — Как и его брат, он высок.
(Посл.) **There is no place like home.** — Нет места, подобного дому.
(Посл.) **Like father, like son.** — Каков отец, таков и сын.

Оборот **like this, like that** - такого типа или, проще, - такой.

Books	like this of this kind	are not interesting to me.	- Такие книги мне не интересны.
I can't see men		of that kind. like that of that sort.	- Я не могу видеть таких людей (такого типа).

У нас уже было сравнительное слово "как" - **as**. Их надо различать.

a) **like** ставится перед существительным или местоимением,
   as - перед целой фразой, хотя бы и короткой.

Ⓜ **Do it as I say.** - Делай, как я говорю. ⎫ Надо
   Do it like me. - Делай, как я. ⎬ различать.
   He works hard, as we all do. - ...как мы все делаем.
   He works hard, like the other boys. - ...как другие мальчики.

b) **as** - в качестве; реальная роль
   like - подобно; только для сравнения.

Ⓜ **He works as a doctor.** - Он работает врачом.
   He acts like a clown. - Он ведет себя как клоун.

Еще одна сложная и очень важная "парочка":
(v) **do; make** - делать
   do имеет более общее значение, описывает действие как таковое
   make - конкретное - создавать, конструировать и т. д.
   to do the work - to make a table
   Do something! I don't know what to do.

К сожалению, эта рекомендация весьма условна. В сочетаниях с существительным они незаменяемы, надо запоминать их.

to do (the lessons) (an exercise) (homework)
to do business - (это слово шире русского "бизнес", см. 12-5)
Do me a favour! [feivə] - Сделайте мне одолжение
   to make (a mistake) (a speech) (a plan).
to make friends (with) - заводить дружбу (с)
to make money
to make love
He made some progress (in) - Он добился определенного успеха (в)
(Посл.) **Men make houses, women make homes.** - Мужчины создают стены, а женщины - атмосферу дома.
(Посл.) **When in Rome, do as the Romans do.** - В Риме поступай как римляне.

☞ 8-6. Герундий Gerund

Это последняя, 3-я функция -ing-формы (ур. 5-2).
Герундий выступает своеобразным посредником между глаголом и существительным.

Ср.
I like coffee.	- Я люблю кофе.
I like swimming.	- Я люблю плавание.
I like to dance. I like dancing.	- Я люблю танцевать.

или:

Swimming is my favourite sport. — Плавание - мой любимый спорт.
Reading is usefull. — Чтение полезно.

Тут есть одна тонкость. Некоторые авторы выделяют еще и отглагольные существительные; выглядят они так же, как и герундий, который может иметь артикль, быть подлежащим и т. д., например:

The singing of birds wakes me up every morning. — Пение птиц будит меня каждое утро.

Для нас это различие ничего не дает, и, как всегда, мы будем говорить о другом. В приведенных примерах переводом служит русское отглагольное существительное (пение, чтение), но это редкий случай. Для большинства русских глаголов такая форма (делание, лежание) была бы понятной, но неестественной.

В английском же языке герундий есть практически у каждого глагола и употребляется он очень широко.

(Посл.) **Seeing is believing.** — Увидеть - значит поверить.

Более того, некоторые обороты требуют именно герундия, другая глагольная форма там неприменима.

Ⓜ **Stop talking.** — Перестаньте разговаривать.
Stop laughing. — Перестаньте смеяться.
Ⓜ **No smoking.** — Нельзя курить (никакого курения).
No parking. — Нельзя парковать (машину).

Надо "притереться" к английскому герундию, запомнить несколько простейших моделей с его использованием.

Переводить его на русский язык надо глаголом; потом фразу можно отшлифовать.

Thank you for calling. — Спасибо, что позвонили.
Thank you for coming. — Спасибо, что пришли.
I'm fond of jogging. — Я увлекаюсь бегом (трусцой).
He gave up smoking. — Он бросил курить.

to give up — прекращать делать что-либо.

Ряд предлогов требует после себя герундий:
We worked without talking.
He went our without saying anything.
She went home instead of coming here.
Ⓜ **It goes without saying.** - Само собой разумеется.

Пословицы

Doing is better than saying.
A good beginning makes a good ending.
A clean hand wants no washing.

Герундий перед существительным выступает как определение (см. также 7-6). Однако при переводе может возникнуть сложность, связанная с неоднозначностью -ing-формы глагола. Сравните:

-ing-форма - причастие	-ing-форма - герундий
здесь оба слова ударны	одно общее ударение

a 'reading 'boy	a 'reading lamp
читающий мальчик	лампа для чтения
a 'writing 'girl	a 'writing table
пишущая девочка	письменный стол
a 'drinking 'dog	drinking water
пьющая собака	вода для питья

Причастие ближе к глаголу и описывает действие, а герундий - к существительному и описывает назначение объекта.

a 'dining room	- столовая (комната для обеда)
a 'swimming-pool	- плавательный бассейн
a 'sewing machine	- швейная машина
a 'washing machine	- стиральная машина
'working clothes	- одежда для работы
'writing paper	- писчая бумага
a 'bathing costume	- купальный костюм
'running shoes	- туфли для бега.

Слова

Нам встречались синонимы **end, finish** (3-5). Как глаголы, они почти равнозначны. Существительное **end** намного шире, оно означает "конец" и в прямом и в переносном смысле.

the end of the stick (year, life, film)	- конец палки (года и т.д.)
to come to an end	- прийти к концу, кончиться
to put an end	- положить конец
to make ends meet	- сводить концы с концами
All is well that ends well.	- Все хорошо, что хорошо кончается.

Finish подразумевает, скорее, "окончание", "прекращение".

Также синонимами являются слова (v) - **begin, start**.

The engine [endʒin] | **started** / **began** | **smoking.** — Мотор начал дымить.

To start (более узкое слово) указывает на начало некоего процесса; его точным антонимом является **to stop** - останавливать, прекращать.

The band | **stops** / **starts** | **playing.** — Оба глагола требуют после себя герундий.

Оркестр | прекращает / начинает | играть.

(n) **stop** — остановка.

Сюда же примыкает важный глагол **stay**:
1) останавливаться (но в другом смысле) - гостить.
to stay at a hotel
2) оставаться, не уходить.

Stay with me!	- Останьтесь со мной.
To stay in bed.	- Оставаться в постели, болеть.
Stay if you want.	- Оставайтесь, если хотите.

Первые строки песни "**Girl**" (Lennon - McCartney).
Is there anybody going to listen to my story.
All about the girl who came to stay.

☞ 8-7. Слова-заместители

В речи мы обычно стараемся не употреблять одно и то же слово в одной фразе или по соседству.

Посмотри на эту книгу, она лежит на столе.

В этой ситуации обычно оказываются существительные, а роль заместителя лучше всего исполняют личные местоимения, для этого они и существуют и в русском, и в английском.

Однако в английском языке есть три случая замены слов, не свойственные русскому.

A) **One** - заместитель существительных.

I see a black book and a red one. - Я вижу черную книгу и красную.

Почему потребовался этот заместитель?

Дело в том, что в английском языке определители не могут стоять в отрыве от существительного (в русском - могут). **One** выступает в этом случае как "слово-подпорка".

Which pencil do you want? <u>A blue one.</u>
I like dogs but <u>this one</u> is not good.
You gave a right answer and a <u>wrong one.</u>
The big house is a hospital, the <u>smaller one</u> is a post-office.

Эта роль слова **one** так важна, что оно используется и во множественном числе.

new books and old ones;
Do you like big cars or small ones?

B) **That (of)** - заместитель существительных.

Your car looks better than that of your brother. - Твоя машина выглядит лучше, чем машина твоего брата.

В данном случае определитель стоит после заменяемого существительного. **That (of)** употребляется в более официальной речи (как русское слово "таковой"), а в разговорной речи чаще используется заменитель **one**.

C) В русском языке нет проблемы замены повторяемых глаголов - их просто опускают.

Он поет лучше, чем ты (поешь).

Я люблю музыку, и мои друзья тоже (любят).

В английском же от глагола так просто не избавишься. Мы включили эту тему в группу "Эхо-конструкции" (ур. 10-5).

☞ **8-8. Служебные слова**

Их не очень много - мы разберем почти все. Выучить их надо досконально, тогда они станут вам помощниками, а не обузой:

each [i:tʃ] - всякий; близок к **every**, но есть отличия.

Ⓜ | They love | each other | друг | Эти два оборота
 | We know | one another | друга | равнозначны

Every не может стоять без существительного.
I see two boys. Each has an apple.
The apples are 5 c. each. — Эти яблоки - по 5 центов каждое.

both [bouθ] - оба
Give me one of these books or both.

| They are <u>both</u> ill. | Ставится обычно перед глаголом,
| They <u>both</u> like music. | за исключением **to be**.

Есть еще особый оборот: **both...and...** - как.., так и...
Both he and his brother. — Как он, так и его брат.

either [ˈaiðə] - либо, или; будут и другие значения
either... or... — или... или
neither... nor... — ни... ни.
American English дает такое произношение этих слов: [ˈiðə] [ˈniðə]

I have neither sisters nor brothers. — У меня нет ни сестер, ни братьев.
You can drink either wine or beer. — Вы можете пить или вино, или пиво.
You can drink both wine and beer. — Вы можете пить и вино и пиво.
Either come in or go out: don't stand in the doorway. — Или входите, или выходите: не стойте в дверях.

even [ˈi:vən] - даже
| even if
| even so
— даже если
— даже в таком случае, несмотря на.

It is cold here even in July.
Even a child can do this.

though [ðou] - хотя (бы), все-таки ≃ **although**
as though = **as if** - как будто, как если бы, словно.

Though (although) he was hungry he went with me.
He went with me though he was hungry.
He was hungry, but he went with me.

<u>In spite of</u> **his hunger he went with me** - несмотря на
In spite of being hungry he went with me.

<u>instead</u> **(of) [in'sted(əv)]** - вместо (см. 8-6).
Stay instead of me. — Оставайтесь вместо меня.

except [ik'sept] - за исключением
(n) **exception [ik'sepʃn]** - исключение
All boys are here except one. — Все мальчики здесь, кроме одного.
Его можно спутать по форме - (v) **expect** - ожидать.
Его можно спутать по сути - **besides [bi'saidz]** - кроме того, помимо.
except - отнимает часть от объекта.
besides - прибавляет часть к объекту.
Есть еще предлог **beside** - **at the side of** - рядом.
Come and sit beside me. | — Приди и посиди рядом со
Come and sit by my side. | мной.

so - 1) так; до такой степени (очень емкое слово).
He cannot run so fast. — Он не может так быстро бежать.
He was so angry that he could't speak. — Он был так зол, что не мог говорить.
I'm so glad to see you. — Я так рад видеть вас.
so - 2) так, таким образом
So, and so only, you must do it. — Так, и только так.
ⓜ **I think so.** — Я так думаю.
He told me so. — Он мне так сказал.
so to say = so to speak - так сказать.
so that - так что(бы).
Speak clearly, so that they understand you.
How do you feel? So-so. — Так себе.
Mr. So-and-so. — М-р такой-то.
And so on. — И так далее.
so - 3) поэтому = **that is why** - вот почему.
You called me, so I'm here.

<u>such</u> **[sʌtʃ]** - такой (это прилагательное).
ⓜ **She is so pretty.**
She is such a pretty girl.

111

because [bi'kɔ:z] - два русских перевода, но близкий смысл. Обозначает причинную связь; (n) **cause** - причина.

He couldn't come <u>because</u> he was ill.	- ...<u>потому что</u>...
He couldn't come <u>because of</u> his illness.	- ...<u>из-за</u> (по причине)
He was ill, <u>so</u> he couldn't come.	- ...<u>поэтому</u>

enough [i'nʌf] - достаточно, хватит

ⓂThat's enough for me.	- Мне - достаточно. (С меня хватит.)
There's enough food for everybody.	- Еды всем хватит.
Are you warm enough?	- Вам (достаточно) тепло?
More that enough.	- Более, чем достаточно.
(Посл.) More than enough is too much.	
Ⓜ I'm not strong <u>enough</u> to lift the box.	- Я недостаточно силен, чтобы поднять эту коробку.
Ⓜ I'm <u>too</u> weak to lift this box.	- Я слишком слаб, чтобы поднять эту коробку.

soon [sun] - скоро, вскоре

He'll be home very soon.	- Он будет дома очень скоро.
How soon can you be ready?	- Как скоро ты будешь готов?
He came soon after three.	- Он пришел вскоре после трех.
Ⓜ The sooner the better.	- Чем скорее, тем лучше.
Ⓜ sooner or later	- раньше или позже
(a) sudden ['sʌdn]	- неожиданный
suddenly ≂ all of a sudden	- неожиданно ≂ вдруг
(a) same [seim]	- одинаковый, тот же самый.
He is the same age as his wife.	- Он того же возраста, что и его жена.
I see the same picture every day.	- Я вижу одну и ту же картину каждый день.
Ⓜ It is all the same to me.	- Мне все равно.
at the same time	- в то же время; одновременно.

perhaps [pə'hæps] - возможно; в живой речи звук **h** теряется [præps].

several ['sevrəl] - несколько; **several time** - несколько раз

just [dʒʌst] - живое емкое слово, но простого перевода нет - как раз, именно, точно, прямо, только; можно сказать, оно "фокусирует" происходящее во времени или пространстве.

He was here just now.	- Он только что был здесь.
...just what I wanted.	- как раз то, что я хотел.
Ⓜ just in time.	- как раз вовремя.
just the opposite.	- как раз наоборот.
...just in front of you.	- прямо перед тобой.
I want to see just him.	- Я хочу видеть именно его.
I've come here just to see you.	- ...только повидать вас.

quite [kwait] - до некоторой степени
rather ['ra:ðə] - довольно, сравнительно

quite a long time	- довольно долго.
I feel rather tired.	- Я чувствую себя довольно усталым.

Есть, однако, довольно тонкое различие: **quite** часто отражает положительную эмоциональную оценку, а **rather** - отрицательную.

He is quite tall.	- Он довольно высокий.
He is rather short.	- Он довольно маленького роста.

Rather отражает также более сильную степень оценки.

У обоих слов есть вторые значения: к **rather** мы еще вернемся (13-3), а для **quite**, для простоты, ограничимся моделью:

Ⓜ You are quite right. — Вы совершенно правы.

И еще одно слово усугубляет путаницу:
(а) quiet [kwaiət] — тихий, спокойный.

Латинские сокращения:

etc = et cetera [it'setrə]	- и т.д. и т.п.
i.e. = id est ['id'est] = that is	- то есть
e g = for example [fɔ:ig'za:mpl]	- например

Нам надо набрать ряд простых существительных:

Nature [neitʃə] - природа

sea [si:]	- море	sun [sʌn]	- солнце
ocean [ouʃn]	- океан	moon [mu:n]	- луна
lake [leik]	- озеро	star [sta:]	- звезда
shore [ʃɔ:]	- берег моря	wind [wind]	- ветер
bank [bæŋk]	- берег реки	hill [hil]	- холм
storm [stɔ:m]	- буря	island ['ailənd]	- остров

bay [bei]	- залив	plant [pla:nt]	- растение
stream [stri:m]	- поток	ice [ais]	- лед
		wave [ˈweiv]	- волна.

Animals [ænimls] - животные

horse [hɔ:s]	- лошадь	cow [kau]	- корова
lion [ˈlaiən]	- лев	cowboy	- ковбой
tiger [ˈtaigə]	- тигр	sheep [ʃi:p]	- овца
			мн.ч. - sheep
rabbit [ˈræbit]	- кролик	goose [gu:z]	- гусь
			мн.ч. - geese
		pig [pig]	- свинья.

Family [ˈfæmili] - семья

husband [ˈhʌzbənd]	- муж	uncle [ʌnkl]	- дядя
wife [waif]	- жена	aunt [a:nt]	- тетя
		baby [ˈbeibi]	- младенец
King [ˈkiŋ]	- король	soldier [ˈsouldʒə]	- солдат
queen [ˈkwi:n]	- королева	neighbor [ˈneibə]	- сосед

Body [bɔdi] - тело

neck [nek]	- шея	lip	- губа
knee [ni:]	- колено	finger [fingə]	- палец
blood [blʌd]	- кровь	skin [skin]	- кожа (не матер.)
shoulder [ʃouldə]	- плечо	tongue [tʌŋ]	- язык
		voice [vɔis]	- голос
boat [bout]	- лодка	pair [pɛə]	- пара
ship [ʃip]	- корабль	window [windou]	- окно
bridge [bridʒ]	- мост	wing [wiŋ]	- крыло
road [roud]	- дорога	ring [riŋ]	- кольцо

УРОК 9

☞ 9-1. Пассивный залог   Passive Voice

Принцип построения пассивного залога аналогичен в англ. и русском языках. Вот примеры:

My friend wrote a letter.   → **Activ**
Мой друг написал письмо.
A letter was written (by my friend).   → **Passive**
Письмо было написано (моим другом).

В русском языке не каждый глагол может стоять в пассиве, причем этот выбор весьма причудлив: можно сказать, например, "Вопрос был рассмотрен", но нельзя "Фильм был посмотрен".

В англ. же большинство глаголов употребляется в пассивном залоге, причем очень часто и широко. Откуда это различие? Оно связано с большей гибкостью русского языка - английской пассивной фразе соответствуют три русских эквивалента:

The house was built in 3 years =
а) Дом был построен за 3 года.
б) Дом строился 3 года.
в) Дом строили 3 года.

а) Употреблен пассивный залог, и он четко соответствует английскому.

б) Использован возвратный глагол, которого в английском языке нет.

в) Неопределенно-личное предложение, в английском встречается, но значительно реже (11-4).

Итак, общая идея пассива: говорящего интересует не субъект действия, а его объект. В русском языке есть несколько возможностей передать эту идею, а в английском - только одна. Отсюда ясно, почему в англ. языке так часто используются пассивные конструкции и почему на русский их часто переводят другими оборотами (в основном неопределенно-личным).

This boy was beaten (by the gangsters).	- Этого мальчика избили (гангстеры).
He was told to go home.	- Ему сказали пойти домой.
He is followed.	- За ним следят.
He was seen with her.	- Его видели с ней.
(Посл.) **A tree is known by its fruit.**	- Дерево узнается по плодам.
English is spoken in many countries.	- По-английски говорят во многих странах.

Технически пассив образуется по формуле:

Passive = to be + III ф.гл.

The letter was written.

Глагол **to be** является вспомогательным, и это определяет построение вопросов и отрицаний.

Was the letter written?
The letter was not written.

В русском пассиве - то же самое: вспомогательный глагол "быть", а слова "написан, построен" и т.д. как раз соответствуют III форме английского глагола (см. 9-3).

Предлог **by** показывает, кем было совершено действие (агент), а **with** - чем (инструмент).

This letter was written by Lev Tolstoy.
This letter was writren with a pencil.

Слова

	to be in love (with)	- быть влюбленным (в)
	to fall in love (with)	- влюбиться.
	Ann and John are in love.	
	Ann is in love with John.	
	Henry fall in love with an actress.	- Генри влюбился в актрису.
(v)	marry [ˈmæri]	- женить(ся), выходить замуж
	Andrew married Jane for love, not for money.	
	<u>to be married</u>	- быть женатым (замужем) - (это пассив).
	<u>He is married.</u>	- Он женат.
(n)	marriage [ˈmærɪdʒ]	- брак, семейная жизнь.
	Their marriage is happy.	- Их брак - счастливый
(n)	wedding [ˈwedɪŋ]	- свадьба
	the wedding dress	- свадебное платье
	honeymoon [ˈhʌnimuːn]	- медовый месяц.

Составим возможные "подборки" числительных:

once [wans], twice [twais], three times, etc. - однажды, дважды, три раза и т.д.

She was married twice.	- Она дважды была замужем.
There once lived a King who had 3 sons.	- Однажды жил-был король...
Once upon a time	- давным-давно (начало сказок).
at once	- сразу

single [siŋgl], double [dʌbl], triple [tripl] - единственный (одиночный), двойной, тройной

single man (woman)	- одинокий человек
a single exception	- единственное исключение
double windows	- двойные окна
He has to do double work.	- Ему приходится делать двойную работу.

primary [ˈpraiməri], **secondary** [ˈsekəndəri], **tertiary** [təˈtaiəri] - первичный, вторичный, третичный
primary, (secondary) school - начальная (средняя) школа.

Обратите внимание на одну деталь употребления известных вам слов:
(a) - **open**   (v) - **open**   III ф. - **opened**
(a) - **closed** (v) - **close**   III ф. - **closed**
The shops are open (close) today. - (прилагательное)
She opened (closed) her eyes - (глагол, II ф.)
The safe was opened with dynamite. - (глагол, III ф. - пассив)
The college was closed a week ago. - (глагол, III ф. - пассив)

☞ 9-2. Пассив: грамматическая картина

Теперь поговорим о том, как "состыковать" пассив с различными глагольными временами.

Начнем с такого вопроса: в уроке 7 мы описывали "здание" англ. глагола. В нем 4 подъезда (группы времен) и 4 этажа (настоящее, прошедшее, будущее и еще один, менее распространенный - (урок 11-2).

Где разместить пассивные конструкции? Вопрос этот для того и ставится, чтобы четко понять: деление на актив и пассив является для англ. глагола всеобъемлющим. Любая временная конструкция может быть (в принципе) выражена в активной и в пассивной форме. Так что в рамках нашей модели надо возвести второе здание.

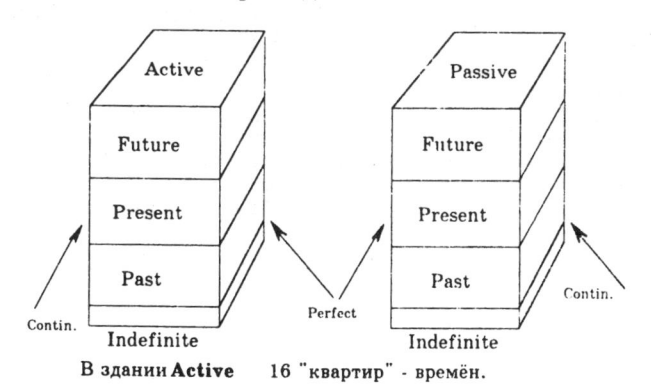

В здании **Active** 16 "квартир" - времён.

117

В здании **Passive** в принципе могло бы быть столько же, однако часть из них требует настолько громоздких конструкций, что практически никогда не употребляется. Используются только 10 из них, что и дает нам 26 возможных английских времен. Но они далеко не равноценны по важности.

Давайте выпишем сейчас времена группы **Indefinite**:

Active	
He does the work	- Present Indef.
He did the work	- Past Indef.
He will do the work.	- Future Indef.
Passive	
The work is done	- Present Indef.
The work was done	- Past Indef.
The work will be done	- Future Indef.

Последний пример не прост - в нем два вспомогательных глагола. Первое наше действие - построение пассива (сначала надо выбрать "дом") - **to be done** - быть сделанным - это пассивный инфинитив. Теперь строим будущее время по нашей формуле (8-12).

Новое преобразование (**Inf.** без **to**) затрагивает вспомогательный глагол (**to be**), а смысловой остается без изменения:

It will be done.

(n)	train ['trein]	- поезд
	plane ['plein]	- самолет
	bus [bʌs]	- автобус
	taxi ['tæksi]	- такси
	to go by train (plane, etc)	- ехать поездом (самолетом и т. д.)
но:	to go on foot	- идти пешком
	to get on (get off) the bus	- садиться в автобус (выходить)
(n)	speed [spi:d] speedometer	-скорость
	at a high speed	- на высокой скорости
(v)	travel [trævl]	- путешествовать.
	(посл.) **Bad news travels fast.**	- Плохая весть летит быстро.
(n)	travel	- путешествия (вообще, как занятие)
	My hobbies are music and travel	- Я увлекаюсь музыкой и путешествиями
(n)	journey [dʒə:ni]	- поездка
	trip [trip]	
	business-trip	- командировка

(v)	**lead [li:d] (led, led)**	- вести; возглавлять; **leader**
	All roads lead to Rome.	- Все дороги ведут в Рим.
	Our guide led the group.	- Наш гид вел группу.
	He leads a double life.	- Он ведет двойную жизнь.
(n)	**sight [sait]**	- зрение; взгляд; вид; соответствует глаголу **to see**
	Long (short) sight	- дальнозоркость, близорукость.
	Love at first sight	- любовь с первого взгляда.
	to be in (out of) sight	- быть в поле зрения (вне его)
	sightseeing	- осматривание достопримечательностей.
(n)	**noise [nɔiz]**	- шум
(a)	**noisy** -шумный	Эти слова -
(a)	**loud [laud]** - громкий	антонимы **quiet**
	to read (think) aloud	- читать, думать вслух
(v)	**agree [ə'gri:]**	- соглашаться; **I agree with you.**
(v)	**send (sent, sent)**	- посылать; **I sent you a letter.**
	The children were sent to bed.	- Детей послали спать.

☞ **9-3. III форма глагола**

О том, как она образуется, мы писали в уроке 7-1.
III форма глагола чрезвычайно важна, у нее три функции:
а) на ее основе строится пассивный залог (9-1);
в) на ее основе строятся времена группы **Perfect** (10-1);
с) она употребляется самостоятельно, как причастие прошедшего времени (**Past Participle**).

Эта третья функция обычно оказывается как бы в тени двух первых - крупных грамматических тем. Такой "перекос" недопустим: во-первых, она часто встречается (а в научно-технической лексике просто на каждом шагу); во-вторых, грамматические функции III формы как раз основаны на ее собственном значении как причастия.

Итак, исходное значение III формы - причастие, поставленное в пассив и в прошедшее время.

taken	- взятый	**seen**	- увиденный
written	- написанный	**married**	- женатый.

Такое причастие может определять существительное, стоя перед ним:

a closed shop	- закрытый магазин
a broken glass	- разбитый стакан
broken glass	- разбитое стекло
a recorded talk	- записанный разговор

либо стоять после существительного; правила на этот счет никем не сформулированы

the work done	- сделанная работа
the work finished yesterday	- работа, законченная вчера
films shown in our town	- фильмы, показанные в нашем городе
a glass broken by my son	- стакан, сломанный моим сыном
a lost dog	- потерянная собака
a dog found here	- собака, найденная здесь.
Lost and found	- так обозначается "Бюро находок".
Left by his master, the dog goes alone.	- <u>Покинутая</u> своим хозяином собака идет одна.
Deeply shocked, I went out.	- Глубоко шокированный, я вышел.

III форма может сочетаться со многими существительными:

man-made materials	- сделанные человеком (т. е. искусственные) материалы
home-made products	- продукты домашнего изготовления
handmade bicycle	- велосипед, изготовленный вручную
sugar-coated pill	- таблетка, покрытая сахаром

или с тремя наречиями (качество действия):

well-known singer	- хорошо известный певец
half-done work	- наполовину сделанная работа
badly-built house	- плохо построенный дом.

Совершенно необходимо научиться быстро "схватывать" значение III формы. Это избавит вас от множества трудностей при переводе.

Слова

Русскому слову "носить" соответствует несколько английских:

(v) **carry ['kæri]**	- носить предметы из одного места в другое
She carried a book in hand.	- Она несла книгу в руке.
She carried a book under her arm.	- Она несла книгу под мышкой.
(v) **wear(wore, worn) [wɛə]**	- носить на теле (одежду и т.д.)
He is wearing a ring on his finger.	- Он носит кольцо на пальце.
to wear a wristwatch (a beard)	- носить часы (бороду)
(v) **bear [bɛə] (bore, born)**	- 1) нести, переносить, выдерживать.

В I значении - синоним **to carry**; есть оттенок, как у русского - "нести свою ношу" (движение при этом необязательно).

A horse can bear a heavy load.	- Лошадь может нести тяжелый груз.
The ice is too thin to bear your weight.	- Лед слишком тонок, чтобы вынести ваш вес.

2) выносить, терпеть: **I can't bear that old man.** - Я не выношу этого старика.
How do you bear air travel? - Как вы переносите самолет?

3) рождаться; употребляется в основном в пассиве
He was born in 1940. - Он родился в 1940 г.

Если хотите **Active**:
Ann is going to have a baby in May. - Аня будет рожать в мае.

Сюда же примыкают два уже знакомых глагола:

bring - приносить (в направлении говорящего) и
take - брать, уносить (от говорящего).

Take away this text-book and bring me another one.
Унесите этот учебник и принесите мне другой.

☞ 9-4. Название материалов

Давайте сейчас разберем одну употребительную модель, показывающую, из чего сделана вещь (тут применяется **Passive Voice**).
The house is made of stone. - Дом сделан из камня.
A car is made of metal. - Машина сделана из металла.

Заодно нам пора выучить названия распространенных материалов.

Materials [mə'tiəriəlz] - материалы

(n) **paper** ['peipə]	бумага	**glass [gla:s]**	- стекло
glass (предмет)	- стакан; рюмка	**iron** ['aiən]	- железо
iron (предмет)	- утюг	**steel [sti:l]**	- сталь
concrete [kən'kri:t]	- бетон	**plastic** [plæstik]	- пластмасса
leather ['leðə]	- кожа (только материал)	**stone** ['stoun]	- камень
silver ['silvə]	- серебро	**gold [gould]**	- золото
wood [wu:d]	- дерево	**wool [wu:l]**	- шерсть
cotton [kɔtn]	- хлопок	**cloth [klɔθ]**	- ткань (материя).

Не путать со словом **clothes** ['klouð z] (одежда) - оно относится ко множественному числу.

My clothes are made of cloth.

Как правило, эти существительные сами образуют определения, обходясь без соответствующих прилагательных.

stone wall - каменная стена
leather shoes - кожаные туфли
silver screen - голубой экран (т. е. телевизионный)
paper tiger - бумажный тигр

Однако несколько слов все же обзавелось прилагательными:
(n) **(aid)**

wood - **wooden** [ˈwuːdn] - деревянный
wool - **woolen** [ˈwuːln] - шерстяной
This table is made of wood. It is a wooden table.

gold - **golden** [ˈgouldn] - золотистый, т. е. похожий на золото.
a gold ring - золотое кольцо
golden hair - золотистые волосы.

Данная модель имеет один нюанс: если указан не материал, а "сырье", которое уже не узнать в конечном продукте, нужен предлог **from**:
Wine is made from grapes. - Вино сделано из винограда.
Ну, а если вас интересует "автор творения", эта модель с предлогом **by** передает творительный падеж.
Wine is made by Bill. - Вино сделано Биллом.
Предлог **in** указывает место изготовления:
Wine is made in Italy. - Вино сделано в Италии.
Или в укороченном, "этикеточном" варианте:
Made in Italy. Made in the USA.
Приведенные модели отражают широкий спектр применения пассивного залога.

Слова. Важные глаголы

Let [let] — 1) позволять, разрешать **(let, let)**;
Let me do it for you. - Позвольте мне сделать это для вас.
Let me introduce my friend to you.
Позвольте представить вам моего друга.
Don't let him come here. - Не позволяйте ему приходить сюда.
Her father will not let her go to the dance. - Ее отец не разрешит ей пойти на танцы.
2) передает непрямое повелительное наклонение:
в первом лице - **Let us = Let's** - давайте

Let's go for a walk. - Давайте прогуляемся.
Let's sit down. - Давайте присядем.

в 3 лице - соответствует русскому "пусть"
Let him be here by 7 o'clock. — Пусть он будет здесь к 7 часам.
Let him go. — Пусть идет (отпустите его).
Let them do what they want. — Пусть делают что хотят.
Ⓜ **Let somebody know** — дать знать, сообщить кому-нибудь.
Let him know your opinion. — Сообщите ему свое мнение.
Let us know when. — Дайте нам знать, когда...
Ⓜ **Let me see.** — Постойте, дайте подумать (в разговоре).
Ⓜ **Let me alone!** — Оставьте меня в покое!
to let down — подводить (в беде)
Don't let me down! — Не подводи меня!

Обратите внимание, глагол, стоящий после **let**, теряет частицу **to**.

То же относится и к глаголу **make** во втором значении - заставлять.

I made her do it — я заставил ее сделать это.
I let her do it — я позволил ей сделать это.

Два глагола - **allow** и **permit** - разрешать, позволять; близки к 1 знач. **let**, но звучат более официально и часто употребляются в пассиве.

Smoking is not allowed (permitted) here. — Здесь не разрешено курить.

(v) **need [ni:d]** - нуждаться; этот глагол как бы раздвоен в грамматическом плане:
1) слабый глагол:
Do you need any help? — Вам помочь?
You only needed to ask. — Вам нужно было только спросить.
He doesn't need to be told. — Не нужно ему говорить.

2) является модальным глаголом, имеет только 1 форму, встречается только в вопросах и отрицаниях (см. 9-5).
Need you go so soon? Yes, I must.

(n) **need** — нужда, потребность.
A friend in need is a friend indeed. — Друг познается в беде. (Посл.)

Глагол **to look** (в своем втором значении - выглядеть) является частью очень важной и "многослойной" модели, описывающей "показания" наших органов чувств.

Начнем с существительных, они привычнее для русского языка.

(n) **look [lu:k]** - вид (n) **smell [smel]** - запах
(n) **sound ['saund]** - звук (n) **taste ['teist]** - вкус

В английском все эти слова работают как глаголы, причем однотипно, ну, а по-русски придется приспосабливаться.

Ⓜ️ **It (looks, sounds, smells, tastes) good.**
She looks young. — Она молодо выглядит.
Sounds fine but I don't believe it. — Звучит хорошо, но я не верю этому.
The fish smells nice but tastes terrible. — Рыба пахнет хорошо, но на вкус ужасна.

Ⓜ️ **It looks like ...** — (По виду) похоже на ...
It tastes (etc) like ... — (По вкусу и др.) похоже на ...
It looks like rain. — Похоже на дождь.
The music sounds like violin. — Звучит, как скрипка.
The liquid tastes like coffee. — Жидкость по вкусу напоминает кофе.

Ⓜ️ **He <u>looks as if</u> he was beaten.** — Он <u>выглядит как будто</u> его побили.

5 senses - sight, hearing, smell, taste, touch - зрение, слух и т. д.
(n) **sense** - чувство (ощущение) - отсюда экстрасенс, сенсорный и т. д.
Не путать со словом **feeling** - чувство (эмоция)
a sense of humor (duty, time) - чувство юмора (долга, времени)

☞ 9-5. **О модальных глаголах**

Нам пора ввести два новых модальных (а следовательно, сильных) глагола с близким значением:
ought [ɔ:t] - должен, следует
You ought to read this book. - Вам следует прочитать эту книгу.
В отличие от первых трех модальных глаголов (ур. 3-4), после **ought** другой глагол употребляется с частицей **to**; в остальном его исключительность не пострадала - у него лишь одна (1) форма.

Should является II формой глагола **shall**, но мы сейчас рассматриваем его дополнительное, "неграмматическое" значение.

shou̱ld [ʃu:d] - следует; надо бы
You should stop smoking. - Вам надо бы бросить курить.

Особенность модальных глаголов в том, что сами по себе они не употребляются: их роль в том, чтобы управлять другими глаголами, поэтому они не могут быть единственным глаголом в предложении (не считая, конечно, кратких ответов).

С другой стороны, каждая фраза может содержать не более одного модального глагола; а их возможная комбинация требует замены на эквивалент одного из них:

must + can:	**He must be able to answer in English.**
	Он должен уметь отвечать по-английски.
may + must:	**You may have to wait.**
	Вам, возможно, придется подождать.

У модальных глаголов два "поля значений" - обязательность и возможность (вероятность). Давайте расположим их в ряд.

Шкала обязательности

<u>must</u> - самая "приказная" форма

<u>to have (to)</u> - в **Pres. Indefinite** обладает такой же обязывающей силой, но с одним нюансом:
You must do it. (Приказ идет от говорящего.)
You have to do it. (Диктуется другими лицами или обстоятельствами.)
He must be here in time; I can't wait for him.
He has to be at his office in time; his boss can't wait for him.

Глагол **to have** в этом обороте стал слабым - **I don't have to go.**

В более сложных глагольных формах этот оборот заменяет все три глагола (**must, ought, should**) и такие нюансы отпадают.

Существует еще один вариант этого оборота:

to have got (to)	- популярный в разговорной речи (ур. 10-4)
<u>ought</u> (to)	- менее категоричное указание
<u>should</u>	- еще более мягкий совет.
You ought to eat less.	- Вам следует меньше есть.
You should eat less.	- Вам бы надо поменьше есть.

Еще один разговорный оборот аналогичен **should** (передает совет):

had better (сокр. **'d better**) - существует только в такой форме.

You'd better go to your doctor. - Вы <u>бы лучше</u> сходили к доктору.

В вопросах и отрицаниях к этим глаголам присоединяется (в своем модальном значении) <u>need</u> - нужно. Отметьте различия.

You need not light a match; I can see well enough.
Не <u>**нужно**</u> зажигать спичку, мне хорошо видно.
You must not light a match; the room is full of gas.
<u>**Нельзя**</u> зажигать спичку, комната наполнена газом.

Теперь о второй шкале - вероятности, возможности.

Наименее определено ↑↓ Наиболее определено	may (might) - That may be Bill.	- Это, возможно, Билл.
	can (could) - That can be Bill.	- Это может быть Билл.
	should - That should be Bill.	Это, должно быть, Билл.
	ought to - That ought to be Bill.	Билл.
	must - That must be Bill.	- Это должен быть Билл.

Еще один важный оборот, примыкающий сюда.

to be to - имеет два значения: 1) выражает запланированное действие.
The train is to come at 7:15. - Поезд должен прийти в 7.15. - здесь иной оттенок - не обязанность, а план.
The expedition is to start in a week.
Экспедиция начнется через неделю.
The conference is to be held in May. (to be to + Passive).
Конференция должна состояться в мае.
По сути, этот вариант говорит о будущем. Он очень употребим в газетной лексике. Вот пример заголовка:
Prime Minister to make statement.
Вот как выглядит полная фраза:
The Prime Minister is to make a statement.
Премьер-министр собирается сделать заявление.

to be to - 2) выражает команду или инструкцию; "обезличенное" указание, примыкающее к модальным глаголам.
No one is to stand here. - Здесь стоять запрещается.
You are not supposed to be here. - Вы не должны быть здесь.
Из этих двух аналогичных оборотов американцы предпочитают последний.
Для полноты упомянем два оставшихся модальных глагола; они устарели и употребляются редко:
dare [dɛə] - сметь, осмеливаться; он бывает и обычным и модальным глаголом.
How dare you speak to me like that?
Как вы смеете говорить со мной подобным образом?
I dare say - полагаю | - это идиома, употребляется
I dare say you're right. | только в 1 лице ед. числа.
used to - существует только в прошлом времени, не путать с обычным глаголом **use**. Описывает привычные действия в прошлом, чаще всего уже прерванные.

That summer she used to stay in bed all day.
В то лето она имела обыкновение проводить весь день в постели.
Used he to smoke a pipe? - Имел ли он привычку курить трубку?
I remember the way it used to be.
Я помню, как это было (бывало).

Слова

Русское слово "должен" имеет еще одно значение - взять в долг.

owe ['ou] - быть должным; это самый обычный слабый глагол.
He owes me $ 5. Do you owe him anything?
Он должен мне 5 долл. Вы ему что-нибудь должны?
Ⓜ **How much do I owe you?** - Сколько я вам должен?
Он произносится как буква "О". Этот факт и его житейская важность привели к появлению забавного термина:

IOU (т. е. **I owe you**) - долговая расписка.
(a) **Own [oun]** - собственный (стоит всегда после притяжательного местоимения, заменяя русское слово "свой").
He builds his own house. - Он строит свой дом.
She does everything in her own way. - Она все делает по-своему.

(v) **own** - владеть; **owner** - владелец
(v) **pay (paid, paid)** - платить; **pay-day** - день получки
(v) **buy (bought, bought) [bai, bɔ:t]** - покупать, купить
(v) **sell (sold, sold) [sel, sould]** - продавать
(n) **sale [seil]** - продажа; распродажа
salesman, salesgirl, salespeople - продавцы
For sale - продается (объявление)
(v) **cost (cost, cost)** - стоить; (n) **cost** - стоимость.
That pen costs too much. - Эта ручка стоит слишком дорого.
Ⓜ **How much does it cost?** - Сколько это стоит?

(n) **price [prais]** - цена, (a) **priceless** - бесценный.
What is the price of this tape-recorder?
Какова цена этого магнитофона?
(a) | **rich [ritʃ]**   - богатый
   | **poor [puə]**   - бедный
Poor boy!   - Бедный мальчик!
His English is poor. - Его английский слаб (беден).
(a) **dear [diə]**   - дорогой   - употребляется только
My dear friend!   в переносном смысле.

(a)	**expensive [iks'pensiv]** - дорогой	о вещах
	cheap [tʃi:p] - дешевый	
(n)	**value ['vælju]** - ценность	
(n)	**bill [bil]** - 1) счет за услуги; **the hotel bill** - счет за гостиницу (Амер.) банкнота; **five-dollar bill** - пятидолларовая купюра.	

(n)   **change** - сдача; мелочь
        I've no change with me. - У меня нет мелочи.
        Don't leave your change on the counter.
        Не оставляйте сдачу на прилавке.

(a)   **free** - бесплатный; **free education** - бесплатное образование.
        Tickets are given free. - Билеты выдаются бесплатно.

(v)   **earn [ə:n]** - зарабатывать; **to earn 100 a month.**
        He earns enough to satisty his needs.
        Он зарабатывает достаточно, чтобы удовлетворить свои нужды.

(v)   **spend (spent, spent)** - тратить, расходовать
        to spend money (time) - расходовать деньги (время)

(v)   **waste [weist]** - тратить впустую; **waste-paper** - макулатура.

Ⓜ   **It's a waste of time** - это - потеря времени.

Глагол "занимать" в русском языке двузначен:
(v)   **borrow ['bɔrou]** - брать взаймы
        I borrowed 6 pounds from him. - Я занял у него 5 фунтов.
        Can I borrow your bicycle? - Можно взять ваш велосипед?

(v)   **lend (lent, lent)** - давать взаймы
        I lent a lot of money to him. - Я занял ему много денег.

(Посл.) **Money lent, money spent.** - (Все та же III форма.)

(n)   **debt [det]** - долг; **debtor** -- должник
        I'm in debt to you. - Я у вас в долгу.

☞ 9-6. Приставки   Prefixes

В английском языке основную работу по словообразованию выполняют суффиксы и предлоги, стоящие после глаголов; приставки встречаются реже, чем в русском.

В полной мере действует только одна группа приставок - отрицательные.

Две из них встречаются очень часто:

in-, un-, не-, без-; **incorrect, unhappy**

По значению они совпадают, но, к сожалению, друг друга заменять не могут (как и русск. не-, без-). Замечайте такие слова, когда они попадутся вам.

un - тяготеет к словам исконно английского происхождения
unhappy - несчастливый; **unarmed** - невооруженный
unlucky - невезучий; **unbeaten** - непобежденный.
He is unable to speak. - Он не в состоянии разговаривать
uneaten - несъеденный: **unknown** - неизвестный;
unthinkable - немыслимый; **unforgettable** - незабываемый.

in - связывается в основном со словами латинского происхождения; изменяет согласную, согласовывая ее с первой буквой корневого слова:

im	- перед **m, p**	**impossible**	- невозможный
		immortal	- бессмертный
ir	- перед **r**	**irrational**	- нерациональный
il	- перед **l**	**illegal**	- незаконный.

Менее распространенные отрицательные приставки:
non - может присоединяться к существительным:
non-stop flight - безостановочный полет;
non-smoker - некурящий.
dis - [diz], [dis] - может присоединяться к глаголам (ср.: русские слова "дискомфорт", "дисгармония").
dislike [diz'laik] - не любить
disagree [dizə'gri:] - не соглашаться
mis [mis] - "хитрая" приставка, в русском такой нет. Показывает, что действие совершается неправильно:
misunderstand - неправильно понимать
You misunderstood me. - Вы меня неправильно поняли.
misleading advertisement - реклама, вводящая в заблуждение.
(v) **cover** ['kʌvə] -покрывать, закрывать
the floor is covered with dust. - Пол покрыт пылью.
(v) **uncover** - раскрывать, обнажать
The police uncovered a plot against the Government.
Полиция раскрыла заговор против правительства.
(v) **discover** - обнаружить, сделать открытие
(n) **discovery** - открытие.

Переведите пословицы :

A liar is not believed when he tells the truth.
Children should be seen, not heard.
Ask no questions and you will be told no lies.

УРОК 10

☞ 10-1. Present Perfect Tense

Мы подошли к третьему подъезду в нашем языковом здании.

Прилагательное **perfect** [ˈpə:fəkt] - "совершенный" указывает на очень приблизительный русский эквивалент данной грамматической формы - совершенный вид глагола (сделал, написал и т. д.).

Сначала о форме | **Perfect = to have** + III ф. глагола.

I have done this work. (Условный перевод: я имею работу сделанной)

Глагол **to have** является здесь вспомогательным и определяет вопросы и отрицания.

I have seen this film. Have you seen this film? (I have = I'v)
He has seen this film. Has he seen this film? (He has = he's)
I haven't seen this film. He hasn't seen this film.

Первая особенность этого времени: хотя оно и именуется настоящим, но реально оно "глядит" в прошлое, ведь речь идет о том, что делалось ранее. Поэтому на русский язык **Present Perfect** переводится, как правило, прошедшим временем.

I have read this book.	- Я прочел эту книгу.
He has left home.	- Он покинул дом (уехал).

Проблему представляет обратный перевод: для русской фразы в прошедшем времени у вас есть выбор: **Past Indefinite** или **Present Perfect**. Эти времена "конкурируют" между собой, и вопросами их употребления мы сейчас займемся.

Present Perfect - это "мост" между прошлым и настоящим (для русского языка это непривычно). Первый наглядный случай его употребления:

1) действие происходило в прошлом и еще не окончено.

He has lived here all his life.	- Он прожил здесь всю жизнь (и сейчас живет).
He lived here all his life.	- Он жил здесь всю свою жизнь (его уже нет)
I have smoked for 7 years.	- (И сейчас курю).
I smoked for 7 years.	- (Я бросил курить).

Если действие "целиком в прошлом" - употребляется **Past Indefinite**. Второй случай употребления **Present Perfect** обычно описывают так: оно указывает на результат действия, который значим для говорящего. Однако этот совет не всегда помогает.

Попробуем изложить эту мысль все в том же "временно́м ключе." **Present Perfect** используется, когда:

2) действие совершилось, но отрезок времени еще длится (по мнению говорящего).

Попробуем назвать **Present Perfect** преднастоящим временем, подчеркивая его главную особенность - связь между прошлым и настоящим. Называя момент времени в прошлом, вы как бы подводите итог, относите предшествующий период к прошлому. Поэтому

Запомните: **Present Perfect** не употребляется, если прошедшее действие датировано. Это удел **Past Indefinite**.

I <u>have done</u> my homework.	- Я сделал задание.
I <u>did</u> it last night.	- Я сделал его вчера вечером.
<u>Have</u> you <u>had</u> dinner?	- Вы пообедали?
Yes, I <u>had</u> it at 7 o'clock.	- Да, я обедал в 7 часов.
<u>Have</u> you <u>seen</u> my stamps?	- Вы видели мои марки?
Yes, I <u>saw</u> them a minute ago.	- Да, я видел их минуту назад.

Если отрезок времени не истек, тогда все в порядке:

<u>Have</u> you <u>seen</u> him today?	- Вы его видели сегодня?
No, I <u>haven't seen</u> him this week.	- На этой неделе я его не видел.
но: I <u>didn't see</u> him last week.	- На прошлой неделе я его не видел.

Служебные слова, подчеркивающие связь с настоящим моментом, так и просятся в это время:
already, still, yet (12-6), ever, never, always, just, etc.

Have you ever seen this picture?	- Вы видели этот фильм?
Have you ever been in Poland?	- Вы когда-нибудь были в Польше?

Возможны ответы:
| Yes, I've been there.
| I've never been there.
но: I was there last May.

Where have you been?	- Где ты был?
ⓜ I've just seen him.	- Я его только что видел.

Present Perfect - неотъемлемая часть английского языка. Обойтись без него нельзя. Надо привыкать к нему.

Оно активно употребляется, например, в письмах, в газетах, радиопередачах. Это естественно - грамматика как бы подтверждает актуальность передаваемого материала. Конкретные детали происходящего описываются **Past Indefinite**.

The Prime Minister has decided to retire.
Премьер-министр решил выйти в отставку.
The decision was announced yesterday.
Об этом решении было объявлено вчера.
Present Perfect Passive также встречается часто. По-русски: "работа была сделана". "Первое действие" - это образование пассива - быть сделанным - **to be done**. Затем образуем нужное время **Perfect**.

    The work has been done.
но: **The work was done yesterday.**

Вот еще примеры. Типичное начало письма:
I'm sorry I haven't written for such a long time, but I've been very busy.

I haven't seen your brother lately. Has he gone away? - Я не вижу вашего брата в последнее время. Он уехал?
Yes, he has been sent to Paris. - Да, его послали в Париж.

Сравните две любопытные фразы:
Ⓜ **Something has been done.** - Кое-что было сделано.
Something has to be done. - Надо что-то делать (см. 9-5) (т. е. что-то должно быть сделано).

☞ 10-2. Группа времен   **Perfect**

Перед нами "временной подъезд" **Perfect**. Будущий и прошедший "этажи" используются реже, чем настоящий.
Past Perfect - прошедшее время. Общая идея остается той же, только точка отсчета сдвигается в прошлое.

| Pres. Perf. | **She has just left.** | - Она только что ушла. |
| Past Perf. | **When I came she had just left.** | - Когда я пришел, она только что ушла. |

Это время показывает последовательность событий в прошлом: действие произошло до момента отсчета:
I opened my eyes. The cloud disappeared.
Я открыл глаза. Облако исчезло (после этого, т. е. на моих глазах).
I opened my eyes. The cloud had disappeared. (до этого)

Оно используется в косвенной речи, заменяя как **Pres. Perfect**, так и **Past Indefinite** (см. также 11-1).
    He said: "I've been in London for ten years"! =
    He said that he had been in London for ten years.
    He said: "I knew her well"! =
    He said that he had known her well.
    Past Perfect Passive. Встречается, конечно, не так часто.
    When I came the window had just been broken.
    Когда я пришел, окно было только что разбито.

    Future Perfect - действие должно совершиться к некоему моменту в будущем.

Future Perf.	I'll have done the work by the end of the week. Я сделаю работу к концу недели.

Passive	The work will have been done by the end of the week. Работа будет завершена к концу недели.

Но это не частые формы, которыми вы смело можете пренебречь.
    Сравните значения глагола **to go** в **Pres. Perfect**:
    She has gone.   - Она ушла
и в **Pres. Indef. Passive**
    to be gone   - исчезнуть; закончиться

    When I came back my car was gone.
    Когда я вернулся, моя машина исчезла.
Ⓜ **The butter is all gone.** - Все масло кончилось (вышло).

Medical words

    to be <u>sick</u> [sik]   - тошнить
    I feel sick. Where's the bathroom?   - Мне плохо. Где ванная?
    to be sea-sick (air-sick)   - испытывать морскую (воздушную) болезнь.И здесь же важная модель (отражает настроение, а не болезнь)

Ⓜ **I'm sick and tired of you.** - Ты мне до смерти надоел.
    sick также означает "больной", дополняя слово **ill**.
    The child is ill.   - (**ill** - прилагательное, сцепленное с глаголом)
    The sick child   - больной ребенок.
    In Amer. English **sick** ставят в обоих положениях:
    Two members of our club are sick.- Два члена клуба больны.
    sick-leave - отпуск по болезни
(n) **<u>pain</u> [pein]**- боль; (a) **painful** - болезненный
    She cried with pain. - Она закричала от боли.

(n)   ache [eik] - для некоторых стандартных болей.
        I've got a headache (toothache, earache).
        У меня болит голова (зуб, ухо).

В остальных случаях ache выступает как глагол.

        My finger aches. - У меня болит палец.
(v)   care [kεə] - 1) заботиться, ухаживать; - важное слово.
        Who will care for the patient?   - Кто будет ухаживать
                                              за пациентом?
(n)   care - забота, уход; внимание
        under the care of a physician [fi'ziʃn]   - под наблюде-
                                                     нием врача.
        Take care not to break it. - Не разбейте это, поосторож-
                                      ней.

(n)   nurse [nə:s] - медсестра, няня
(a)   careful - заботливый; тщательный; осторожный
(a)   careless - небрежный; неосторожный

Ⓜ   Be careful! - Осторожно!
(v)   care - 2) беспокоиться, иметь интерес

Ⓜ   He doesn't care what they say.   - Ему все равно,
                                                что они скажут.
Ⓜ   I don't care (about your opinion).   - Мне наплевать
                                                (на ваше мнение).
Ⓜ   Who cares? - Кого это волнует? (А мне-то что?)
(n)   disease [dizi:z] - болезнь
(n)   health [helθ] - здоровье
(n)   medicine ['medisin] - 1) медицина; 2) лекарство
        pill - таблетка
        to take a medicine - принять лекарство
(n)   drug [drʌg] - 1) лекарственный препарат (более научное)
        drug-store - аптека; 2) наркотик
        He became to use drugs.   - Он начал употреблять нар-
                                      котики.
(v)   burn [bə:n]   - гореть
(v)   boil ['bɔil]   - кипеть, кипятить
(v)   cook [ku:k]   - варить, готовить пищу
(n)   cook   - повар (ср.: кок)
(n)   cooker (Brit.) = stove (Amer.) - печь
(v)   turn [tə:n]   - поворачивать(ся)
        The wheels of the car are turning. - Колеса машины
вертятся.
        He turned his back on me. - Он   повернулся   ко   мне
спиной.

Turn your head! - Поверни голову!
(Посл.) **To leave no stone unturned.** - Сделать все возможное.
(n) <u>turn</u> - поворот; **a turn to the right (left)**
The sick man took a turn for the better.
Состояние больного изменилось к лучшему.

2) очередность; **It's your turn to read.** - Ваша очередь читать.
My turn will come! - Придет мой черед!

(v) <u>return</u> [ri'tə:n] - возвращать(ся) (= **to come back**)
to return to London from a journey.
Вернуться в Лондон из поездки.

When will you return me the book I lent you?
Когда вы возвратите мне книгу, которую я вам давал?
on return - по возвращении; **in return** - в ответ
Ⓜ **Many happy returns of the day!** - так поздравляют в день рождения.

(v) <u>happen</u> [hæpn] - случаться, происходить
If anything happens to him, let me know.
Если с ним что-нибудь случится, дайте мне знать.
It all happened because of you. - Это все произошло из-за тебя.
If you happen to be here. - Если вам случится быть здесь.

☞ **10-3. Еще раз о вопросах**

Есть одна не слишком частая группа вопросов, которая не укладывается в нашу схему (4-2).

Это вопросы к подлежащему - они не требуют вопросительной структуры предложения, глагол стоит после подлежащего, в общем, все как в русском языке.

Who saw him? - Кто видел его? **The policemen saw him.**
Who lives here? - Кто живет здесь? **Ann lives here.**
What makes you so happy? - Что вас так радует?

Почему вдруг особый случай? Похоже, что объяснение здесь чисто техническое, - вспомогательный глагол в таком предложении просто некуда поставить.

Дело в том, что два глагола (если первый из них не является сильным) не могут стоять рядом, как правило. Их должно разделять подлежащее, как в обычных вопросах:
What <u>do</u> you <u>want</u>?
либо отрицательная частица **not**
I <u>do</u> not <u>know</u>.
либо частица **to** (т. е. второй глагол предстает в форме инфинитива)
I <u>want</u> to <u>go</u>.
В данном случае подлежащее, являясь вопросительным словом, стоит первым. Для вспомогательного глагола в такой конструкции нет места.

Существует еще одна ситуация, когда вопрос "аннулируется". Это косвенная речь.
He says, "Where does she live?"
He asks where she lives.
She says, "How much does it cost?"
She asks how much it costs.
Обратите внимание на явление, необычное для русского языка: в вопросительной фразе предлог может "перескакивать" в конец.

- Ⓜ **<u>What</u> country are you <u>from</u>?**   - Из какой страны вы?
  <u>Where</u> are you <u>from</u>?   - Откуда вы?
- Ⓜ **<u>What</u> are you talking <u>about</u>?**   - О чем вы говорите (толкуете)?
  <u>What</u> did you open the bottle <u>with</u>? - Чем вы открыли бутылку?
- Ⓜ **<u>What</u> are you afraid <u>of</u>?**   - Чего вы боитесь?

Почему это происходит? Мы уже говорили, что ряд английских глаголов крепко связан с предлогом (например, **look at** - смотреть на). Иногда в паре у них новое значение, но сейчас речь не об этом.
What are you looking at?   - На что вы смотрите?
Оказывается, это в русском языке предлог с легкостью перескакивает в начало, а в английском он стремится остаться на месте. Иногда (например, в пассиве) предлог переставлять нельзя.
She likes being looked at.   - Ей нравится, когда на нее смотрят.

Чаще же это вопрос стиля: живая, неформальная речь предпочитает в таких случаях предлог в конце, иногда даже и в утвердительных предложениях.

- Ⓜ **Who is it for?**   - Для кого это?

	What is all that noise about?	- О чем весь этот шум?
(M)	I know what I'm talking about.	- Я знаю, о чем я говорю.

☞ **10-4. Глагол to get**

Этот глагол настолько важен, что о нем надо говорить отдельно. У него масса разных значений (как самостоятельных, так и вкупе с предлогами), пожалуй, он рекордсмен по этому показателю.

Попробуем выделить основные:

1) получить = **to receive**
   to get a letter, a telegram
   to get a permission   - получить разрешение

2) заполучить, раздобыть, достать
   He has gone to get some sigarettes. - Он ушел за сигаретами.
   How did you get this book?   - Как вы достали эту книгу?
   to get tickets   - достать (раздобыть) билеты
   to get taxi   - поймать такси
   to get a cold   - схватить насморк

3) в форме **Pres. Perf. (I've got)** дублирует глагол **have** - характерно для живой речи.
   We've a car.   - У нас есть машина.
   I've got to go.   - Мне надо идти.

В сущности, это значение не так удивительно: я получил - я имею.
   I've got an idea.   - У меня есть мысль.

4) добираться
   I get home by 7 o'clock.   - Я добираюсь домой к 7 часам.
(M) **How can I get there?**   - Как мне туда добраться?

5) понимать, улавливать
   Do you get what I mean?   - "Просекаешь", что я имею в виду?

Далее начинается "поле" особых, необычных значений глагола **to get**.

6) добиться, заставить, убедить
   I can't get this old radio to work. - Не могу сделать, чтобы радио работало.
   She can get him to do anything she likes. - Она может заставить (убедить) его делать все, что захочет.

7) русский перевод становится все более "пестрым", а значение все более явным: переход из одного состояния в другое - становиться, делаться, начинать.

to be tired	- быть усталым	to be angry	- быть сердитым
to get tired	- уставать	to get angry	- рассердиться
to be married	- быть женатым	to be used (to)	- быть привычным (к)
to get married	- жениться	to get used (to)	- привыкать (к)

  I must get the dinner ready. - Я должен приготовить обед.
  He went out and got drunk. - Он пошел и напился.
  The days get longer now. - Дни сейчас становятся длиннее.
  Butter gets soft in a warm room. - Масло делается мягким в тепле.

Вы помните, что английская система времен не только описывает хронологию событий, но и показывает, в какой стадии находится действие.
 Времена **Continuous** дают действие в развитии, времена **Perfect** указывают на результат, совершенность действия.
 А как же показать, что действие только начинается? Специальной грамматической формы для этого нет, и глагол **get** выработал значение, которое как бы заполняет эту брешь.
 Get going! - Пошел! Марш! (Начинай двигаться.)
 It's time for us to get going. - Нам пора идти.
 When they get talking, it's hard to stop them.
 Когда они начинают болтать, их трудно остановить.
 You are getting fat, Ann. - Ты начинаешь полнеть, Энн.
 It was getting dark. - Смеркалось.

Words about people

(n) **person** [pə:sn] - человек, особа, лицо - важное слово, описывает человеческое существо, абстрагируясь от конкретных особенностей.

person - to - person call	- телефонный разговор с вызовом определенного лица
to be present <u>in person</u>	- присутствовать лично
He found a friend <u>in the person</u> of this girl	- Он нашел друга в лице этой девушки.

(a)	**human** ['hju:mən]	- человеческий	**a human being** - человек, человеческое существо.
(n)	**humane** [hju'mein]	- гуманный	
(n)	**fellow** ['fellou]	- парень	

(n)   guy [gai] - то же (в более современном варианте) мужик
(a)   gentle [dʒentl] - мягкий, добрый, не грубый, в общем, то качество, которое определяет джентльмена, я бы рискнул сказать "интеллигентный".

Но вот слово **intelligent** сюда не относится, это так называемые "ложные друзья" переводчика (13-5).

Возьмемся за слова, описывающие интеллектуальные качества.

(a)   **clever ['klevə]** - умный | очень простые,
      silly ['sili]   - глупый | "школьные" слова.
      Значительно чаще употребляют
(n)   **fool [fu:l]** - дурак, глупец
(a)   **He isn't such a fool as he looks.** |(a) **foolish** - дурацкий,
      Он не такой дурак, каким выглядит. | **[fu:liʃ]** глупый.
      It was a foolish thing to say so. - Глупо было говорить так.

(a)   **intelligent [in'telidzənt]** - умный;
      He is intelligent and well-educated. - Он умен и хорошо образован.

Обратите внимание на это слово; оно было заимствовано русским языком, его значение изменилось, потом расширилось, и в виде слова - **intelligentsia** - класс образованных людей - вернулось в английский.

(a)   **wise ['waiz]** - мудрый
(n)   (a) **intellectual [inti'lektʃuəl]** - интеллектуал; -ьный
(n)   **spirit ['spirit]** - дух (отсюда спиритизм)
(n)   **soul [soul]**   - душа
      Save Our Souls (SOS). - Спасите наши души
      mad [mæd] - сумасшедший (чаще в переносном смысле)
(a)   **crazy ['kreizi]** - современный, разговорный вариант
(n)   **mind [maind]** - важное слово с очень широким спектром - ум, рассудок, голова, память, мнение, душа, в общем, наше психическое содержание.
      My mind is clear now. - Мои мысли прояснились.
Ⓜ   **It came to my mind that ...** - Мне пришло в голову, что ...
      What is on your mind? - Что у тебя на уме?
Ⓜ   **He is out of his mind.** - Он не в своем уме.
      (Посл.) **Out of sight, out of mind.** - С глаз долой - из сердца вон
      presence of mind - присутствие духа
      (Посл.) **So many men, so many minds.** - Сколько голов, столько умов.
      I can read your mind. - Я могу читать ваши мысли.
      To my mind, this is just nonsense. - По-моему, это просто чепуха.

Ⓜ **I've changed my mind.** - Я передумал (изменил) свои намерения.
My mind aches. - Душа болит.

(v) **mind** - глагол весьма далек от существительного:

1) заботиться; остерегаться, обращать внимание.

Ⓜ **I don't mind (what you do).** - Мне все равно, (что вы делаете).
Ⓜ **Never mind!** - Не обращайте внимания; не важно; чепуха!
Ⓜ **Mind your own business!** - Не лезь в чужие дела!
Ⓜ **Mind the dog (the step, the doors)!** - Осторожно (обратите внимание) на собаку, ступеньку, двери!

2) возражать

Do you mind if I smoke (me smoking)?
Не возражаете, если я закурю?
I can do it, if you don't mind...
Если вы не возражаете ...

☞ **10-5. Завершаем разговор о местоимениях**

В первом уроке мы привели три "колонки", т. е. набора личных местоимений. Сейчас давайте разберем две оставшиеся.
4-я колонка - притяжательные местоимения.

mine	ours
—	yours
his, hers	theirs

Вам хорошо знакомы слова - **my, your, etc** ... - их иногда называют притяжательными прилагательными, т. к. они определяют существительные: **my hat, your car, etc.**

Новые слова являются притяжательными местоимениями в полном смысле - они заменяют существительные, которые определяют.

mine = my + (n); ours = our + (n); etc.
This is my room, that is yours. (your room)
I don't think your car is better than mine. (my car)
Their house is very big and ours is small.
Your book is here and where is hers?
Ⓜ **He is a friend of mine.** - Это мой друг.
Еще одна иллюстрация употребления этих слов:

Whose cup is it?   It's mine   It's my own.
                        It's his   It's his own, etc.

Отсутствует лишь местоимение этого ряда для **it**
That is the cat's cup - It's its own.
Кстати, не путайте **it's = it is** и **its**.
В русском языке такие слова не нужны, т. к. местоимения "моя, твой" и др. могут стоять без существительного.

Местоимения с суффиксом **-self**

myself	**ourselves**	ед. ч.	мн. ч.
yourself	**yourselves**	**-self**	**-selves**
himself, herself, itself	**themselves**		

Это последний набор, причем единственный, где проявляется различие между "ты" и "вы" (т. к. множественное число они образуют по тому же правилу, что и сущ-е - с **f** на конце - см. Прил. 1)
У этих слов - два значения.
Первое - показать, что субъект направляет действие на себя (слов "себя", "сам", частицы -ся в английском нет).

I shave myself	- Я бреюсь (брею себя).
I cut myself.	- Я порезался (порезал себя).
She washes herself every morning.	- Она умывается каждое утро.
Ann bought herself a new dress.	- Энн купила себе новое платье.
He speaks to himself	- Он говорит сам с собой.

Второе - добавить эмоциональный акцент (если это слово отбросить, фраза не теряет смысла).

I have seen it myself.	- Я сам это видел.
We spoke to the president himself.	- Мы говорили с самим президентом.
The queen herself gave him the medal.	- Сама королева вручила ему медаль.

self - само; себя; свое - выступает как словообразовательный компонент.

self-control	- самоконтроль
self-educated	- выучившийся самостоятельно
self-made man	- человек, добившийся всего сам
English Self-taught	- самоучитель английского языка
(a) **selfish**	- себялюбивый, эгоистичный
to act from selfish motives.	- действовать из эгоистических мотивов.

Слова (еще о человеческих качествах)

(n) **memory** [ˈmemɔri]	- память (ср.: мемориал)
(v) **remember** [riˈmembə]	- помнить, вспомнить.
Do you remember that meeting?	- Вы помните ту встречу?
(v) **remind** [riˈmaind]	- напомнить; (узнаете **mind**?)
He reminds me of his brother.	- Он напоминает мне своего брата.
(v) **forget** [fɔːget] (forgot, forgotten)	- забывать.
I've forgotten her name	
forget-me-not	- незабудка
I'll never forget your kindness.	- Я никогда не забуду вашу доброту.

Когда речь идет о забытых предметах, надо употребить **leave**, особенно если указано место, где они оставлены.

I've forgotten where she lives.	- Я забыл, где она живет.
I've left my umbrella at home.	- Я забыл зонтик дома.
(n) **joy** [dzɔi]	- радость
(a) **sad** [sæd]	- грустный
sadness	- грусть
(v) **enjoy** [inˈdzɔi]	- получать удовольствие, наслаждаться
I've enjoyed talking to you.	- Очень рад был поговорить с вами.
He **enjoyed himself** at the party.	- Он хорошо провел время на вечеринке.

Не путать: (v) **join** [dzɔin] - соединять, присоединяться.

to join one thing to another.	- соединить одну вещь с другой.
Parallel lines never join.	
to join a club	- вступить в клуб.
I'll join you in a few minutes.	- Я присоединюсь к вам через несколько минут
Why don't you join in the conversation?	- Почему вы не вступаете в разговор?
(n) **fear** [fiə]	- страх
He is in fear of his life.	- Он в страхе за свою жизнь.
(a) **funny** [fʌni]	- смешной, забавный
(n) **fun** [fʌn]	- веселье, забава, развлечение.
The child is full of fun.	- Ребенок очень веселый.
to have fun	- весело проводить время, веселиться
(Посл.) **Liars should have good memories.**	- Лжецы должны иметь хорошую память.

☞ 10-6. Эхо-конструкции

Для них характерно следующее: имеется исходное предложение, и к нему строится "укороченный слепок". Это легче представить на русских примерах.
 а) Ты видел фильм о йогах? <u>Видел</u>.
 в) Вы хорошо живете, <u>не так ли</u>?
 с) Она любит детективы больше, чем классику. И <u>я - тоже</u>. А <u>я - нет</u>.

Как видите, чтобы не повторяться, во второй фразе мы оставляем только ключевое слово. Но тут-то и проявляется различие между двумя языками. В русском слова-заменители могут быть самыми разными, а в английском, конечно же, необходим глагол. Это первое.

Второй вопрос - какой глагол? Вариантов довольно много, но я надеюсь, наши старания не прошли даром, и вы найдете общий ответ - ведь это все очередные грамматические сложности.

Конструкцию а) - <u>укороченный ответ</u> - мы разбирали в 4 уроке, возможно, вам надо его перечесть.

в) - <u>вопрос-подтверждение</u> - английский язык использует ее значительно чаще, чем русский.

Сначала идет утвердительная фраза, потом вопрос к ней (в отрицательной форме). Как строится этот специфический вопрос? Сильные глаголы делают это сами:

It is a nice evening, isn't it?	- Хороший вечер, **не так ли**?
You have a car, haven't you?	- У вас есть машина, **не правда ли**?
She can type, can't she?	- Она **ведь** умеет печатать?
You could tell me about it yourself, couldn't you?	- Ты **что**, не мог мне сам об этом сказать?
There is a table in the room, isn't there?	

Ну, а слабые глаголы зовут на помощь вспомогательный - **to do**:
 You know him, don't you?
 Ann looks young today, doesn't she?
 Paul told her about all, didn't he?

Вы видите, как много русских вариантов перевода, а по-английски одна фиксированная форма, поэтому такая употребительная.

Если основная фраза содержит отрицание, вопрос становится утвердительным :

She can't speak English, can she?	- Она ведь не умеет говорить по-английски?

You haven't met John, have you? - Ты не встретил Джона, не так ли?

Обратите внимание, в "довесках" стоят местоимения, но не существительные.

с) Конструкция "И я тоже", "А я - нет".

Ⓜ **"So do I", "Neither do I", "So does Dick", "Neither did my son"** | Надо их запомнить.

Mary likes music and so do I.
Mary bought a hat and so did my wife.
You can swim and so can Dick.
Jane must work hard and so must you.
Теперь двойное отрицание.
Mary didn't see her and neither did I.
He doesn't smoke and neither does his son.
She isn't a doctor and neither am I.
Dick won't go and neither will I.
I haven't seen this picture and neither has Ann.

Примерно ту же идею можно выразить иначе (урок 8-6): это уже на ваш выбор, говорят и так, и так.

Both he and I like tennis. - И он, и я любим теннис.
Neither Ted nor his wife drink coffee. - Ни Тед, ни его жена не пьют кофе.

Смешанные фразы (утверждение - отрицание) трудностей не вызывают.

Dick won't go but I will.
Dick can play today but Ann can't.
He likes tennis but I don't.
Ted didn't drink but I did.

So может также употребляться после нескольких глаголов (**hope, think, believe,** etc.), чтобы не повторять придаточное предложение.

Is he coming? - I hope so. - Надеюсь, что да.
Is he in the Army? - I'm afraid so. - Боюсь, что да.
I think so. - Думаю, что да.
I don't think so. - Думаю, что нет.

Слова

Science ['saiəns] - наука.
Русское слово шире, чем английское.
Sciences - естественные науки
Humanities - гуманитарные науки

biology [bai'ɔlədzi] — биология
chemistry [kemistri] — химия
history ['histəri] - история (наука)
story ['stɔri] - рассказ, история
economics [ikə'nɔmiks] - экономика (наука)
economy [i'kɔnəmi]
1) экономия
2) экономика (система).

mathematics [mæθi'mætiks]
physics ['fiziks]

triangle ['traiæŋgl] - треугольник
angle [æŋgl] - угол между прямыми
circle [sə:kl] - круг   square [skwɛə] - 1) квадрат
area ['ɛəriə] - геометрич. площадь; 2) площадь (в городе)
volume ['vɔljum] - 1) объем; 2) громкость (радио и т. д.)
metre ['mi:tə] (Amer. meter) - метр
inch [intʃ] - дюйм   mile ['mail] - миля
sq. m. (square meter) - м²   cubic meter - м³
sq. root - кв. корень   pound ['paund] - фунт
(a) equal ['ikwəl] - равный   to be equal to - равняться
X plus (minus) Y is equal to Z
[plʌs], ['mainəs], [eks, wai, zed]
(v) add [æd] - добавлять; складывать (арифметич.)
(v) subtract [səb'trækt] - вычитать   to s. 2 from 5 (5 - 2)
(v) multiply ['mʌltiplai] - умножать   to m. 3 by 5 (3X5)
(v) divide [di'vaid] - делить   to d. 9 by 3 (9:3)
(n) share [ʃɛə] - доля, пай, акция
(v)(n) measure ['meʒə] - мера; измерять
(n) size ['saiz] - размер   (n) shape [ʃeip] - форма.
A book for children about - Книга для детей об Африке.
Africa
An article on African - Статья на тему африкан-
history. ской истории.
Предлог on в этом значении отражает большую научность.
a conversation about money - разговор о деньгах
a lecture on economics - лекция по экономике
(n) magazine ['mægəzin] - журнал
(n) journal ['dʒɔ:nəl] - технический, научный журнал
(v) consider [kən'sidə] - рассматривать
Let's consider the - Рассмотрим следующий
following question. вопрос
to take into consideration - учитывать
= to take into account
We must take into - Мы должны учесть этот
account this factor. фактор.
(n) number - 1) номер;
2) количество, число (для счетных сущ-ных)
a large amount of liquid - большое количество жидкости
a large number of methods - большое количество методов

Два более общих термина:
- (n) **quantity** [ˈkwɔntiti] — количество
- (n) **quality** [ˈkwɔliti] — качество.

Две пары похожих терминов, которые не соответствуют русским.

- (n) **experiment** [ikˈsperimənt] — эксперимент (в широком смысле).
  This system is used as an experiment — Эта система используется в порядке опыта.
- (n) **experience** [ikˈspiəriəns] — опытность.
  (Объявление)
  Salesman wanted-experience unnecessary. — Требуется продавец - опыт (работы) необязателен.
- (n) **technique** [tekˈniːk] — методика
- (n) **technology** [tekˈnɔlədʒi] — техника; технология

Три глагола описывают счет, по мере его усложнения:

- (v) **count** [ˈkaunt] — считать
  Count from 1 to 10. — Посчитай от 1 до 10.
- (v) **calculate** [kəlkjuˈleit] — делать расчеты
- (v) **compute** [kəmˈpjuːt] — делать сложные расчеты
- (n) **calculator** — счетная машинка
  computer — ЭВМ
- (n) **figure** [ˈfigə] — 1) фигура; 2) цифра
  a sum of six figures — сумма, выражающаяся 6-значным числом.

УРОК 11

☞ 11-1. Согласование времен.   The Sequence of tenses

Это правило весьма важно для английской грамматики. Оно довольно ясное, сложности же для нас связаны с тем, что в русском такой темы нет вовсе.

Речь пойдет о сложном предложении.

"Я увидел, что она уходит (уйдет, ушла)".

В русском языке нет связи между временем глагола в главном и придаточном предложениях. В английском же она существует.

Правило: если глагол главного предложения стоит в прошедшем времени, то глагол придаточного предложения также должен быть поставлен в одно из прошедших времен.

a) **I know that he is a farmer.** — Я знаю, что он - фермер.
b) **I knew that he was a farmer.** — Я знал, что он - фермер.

В какое именно прошедшее время, ведь их несколько? Здесь как раз пригодится наша модель языкового здания.

Важно спуститься на этаж прошедшего времени; подъезд, естественно, не меняется.

Посмотрите на примерах, как переход глагола главного предложения в прошедшее время отражается на глаголе придаточного предложения.

| Pres. | I want to play basketball, but I'm not tall enough. | Pres. Ind. |
| Past | I wanted to play basketball, but was not tall enough. | Past Ind. |

Я хотел играть в баскетбол, но я недостаточно высок.

| Pres. | I see that he is sleeping. | Pres. Contin. |
| Past | I saw that he was sleeping. | Past Contin. |

Я видел, что он спит.

| Pres. | He has done all that is necessary. | Pres. Perfect |
| Past | He had done all that was necessary. | Past Perfect |

Он сделал все, что необходимо.

Не забывайте, что **Pres. Perfect** относится к этажу настоящего времени.

Итак, если вы строите фразы по-английски, "сигналом внимания" для вас должно быть прошедшее время глагола в главном предложении. Тогда глаголы придаточных предложений придется "опустить на этаж" по сравнению с русской конструкцией.

> Теперь об обратном переводе. Русская грамматика не требует согласования времен; поэтому будьте внимательны и не переусердствуйте. Вернемся к примеру b) - его не надо переводить: "Я знаю, что он был фермером", смысл будет несколько иной. Если же у вас возникает вопрос, как перевести на английский эту измененную фразу, то для этого подходит время **Past Perfect** (урок 10-2).

Согласование времен часто требуется при переходе от прямой речи к косвенной (см. также 10-3).

| He said: "I <u>like</u> apples". | Pres. Ind. |
| He said that he <u>liked</u> apples. | Past Ind. |

Он сказал, что любит яблоки.

| She asked: "Is it raining?" | Pres. Cont. |
| She asked if it was raining. | Past Cont. |

Она спросила, идет ли дождь.

Если в прямой речи уже стоит прошедшее время и сам разговор был в прошлом, то по теории требуется шаг еще "на этаж ниже", в предпрошедшее (**Past Perfect**). Но реально этим часто пренебрегают.

Модальные же глаголы даже теоретически не могут "опускаться" ниже **Past Indefinite**.
She said: "That should be interesting".
She said it should be interesting.
Она сказала, что это должно быть интересно.

Слова

(a)	**fresh [freʃ]**	- свежий
(a)	**bitter ['bitə]**	- горький
(a)	**sweet [swi:t]**	- сладкий
(a)	**modern ['mɔ:dn]**	- современный = **up-to-date**
(a)	**famous ['feiməs]**	- знаменитый
(n)	**fame**	- известность
(n)	**glory ['glɔ:ry]**	- слава
(v)(n)	**kiss [kis]**	- целовать; поцелуй
(v)	**lift [lift]**	- поднимать
(v)	**decide [di'said]**	- решать
	to make a decision	- принимать решение
(n)(v)	**demand [dima:nd]**	- требовать; требование.
	The operation demands great care.	- Эта операция требует большого внимания.
(n)	**dream [dri:m]**	1) мечта; 2) сон
Ⓜ	**Your dreams will come true.**	- Твои мечты сбудутся.
(n)	**chain [tʃein]**	- цепь
	chain-smoker	- непрерывно курящий человек
	chain-reaction	- цепная реакция
(n)	**oil [oil]**	1) нефть; 2) масло (кроме сливочного)
	olive oil	- оливковое масло
	salad oil	- растительное масло.
(n)	**game [geim]**	- игра (в которой есть правила, например, спортивная)
	the Olimpic Games	
	He plays a good game at cards.	- Он хорошо играет в карты.
(n)(v)	**attempt [ə'tempt]**	- попытка, попытаться
(n)	**mirror ['mirə]**	- зеркало
(n)	**enemy ['enemi]**	- враг
(n)	**degree [digri:]**	1) градус; 2) степень.
	Water boils at 100 degrees Centigrade.	- Вода кипит при 100° Цельсия.
	To what degree are you interested in it?	- В какой степени вы в этом заинтересованы?
(n)	**floor [flɔ:]**	1) пол (в доме); 2) этаж
(n)	**guest [gest]**	- гость
(n)	**host [houst]**	- хозяин (по отношению к гостю)
(v)	**invite [in'vait]**	- приглашать.

☞ **11-2. Future in the Past.**
Эквивалент будущего времени в прошедшем

В приведенных примерах согласования времен не встречалось будущее время. Это не случайно.

Будущее время со своим персональным вспомогательным глаголом стоит немного особняком. Непонятно, как "опускаться из будущего этажа в прошедший".

В тех случаях, когда будущее время выражено без помощи глаголов **shall, will** (см. 8-2), правило согласования времен действует как обычно:

Last time I saw you, you were going to leave that company.	- Когда я вас видел в последний раз, вы собирались покинуть эту компанию.
I looked at the street where the parade was to start.	- Я посмотрел на улицу, где должен был начаться парад.

Если же вспомогательные глаголы **shall** или **will** были применены, то английский язык распорядился так: создал специально "прошедший филиал" будущего времени (в русском, конечно, ничего похожего нет), так сказать, будущего через призму прошедшего.

I hope that you will be a doctor.	- Я надеюсь, что вы будете доктором.
I hoped that you would be a doctor.	- Я надеялся, что вы будете доктором.

Вместо **shall, will** выступает здесь их II формы: в теории **should** - для 1 лица, а **would** - для 2, 3 лица; в реальной современной речи, чаще всего, **would** - в любом лице.

I said: "I will help him"	- Я сказал: "Я ему помогу."
I said that I would help him.	- Я сказал, что я ему помогу.
I won't do it again.	- Я больше не буду так делать.
I knew I wouldn't do it again.	- Я знал, что больше не буду так делать.

В русских учебниках принято рассматривать эту глагольную форму как самостоятельное время (**Future in the Past**); чтобы не отклоняться от этой схемы, мы выделили ее как отдельную тему и как дополнительный, 4-й временной этаж.

Английские же авторы относятся к этой теме с меньшим почтением: рассматривают ее просто как пример согласования времен.

Слова

(n) **fruit [fru:t]**	- плод; переносные значения близки к русским	
(a) **fruitful**	- плодотворный	
(a) **fruitless**	- бесплодный	

Одна особенность: употребляется оно обычно в единственном числе.

Do you eat much fruit?	- Вы едите много фруктов?
His knowledge is the fruit of long study.	- Его знания являются плодом долгой учебы.
(v) **choose [tʃu:z]**	- выбирать
(n) **choice [tʃɔis]**	- выбор
(v)(n) **hurry [ˈhʌri]**	- спешить; торопить(ся); спешка
No hurry!	- Не к спеху!
(to be) in a hurry	- (быть) в спешке
Don't hurry me!	- Не торопи меня!
(n) **condition [kənˈdiʃn]**	- условие; состояние
On what condition will you do that?	- На каких условиях вы сделаете это?
The house is in a terrible condition.	- Дом находится в ужасном состоянии.
(v) **condition**	- приводить в надлежащее состояние.
air-conditioning	- кондиционирование воздуха.

(v) **pull [pul]**	- тянуть; прикладывать	к себе
push [puʃ]	- толкать; применять силу	от себя
Pull!	- На себя!	Надписи на
Push!	- От себя!	дверях

You can pull a rope, but you can't push it.	- Веревку можно тянуть, но нельзя толкать.
Stop pushing (me)!	- Перестаньте толкаться!
The baby was pulling its father's beard [biəd]	- Младенец тянул отца за бороду.
(v) **explain [iksˈplein]**	- объяснять
(n) **explanation [ikspleneʃn]**	- объяснение
(v) **remain [riˈmein]**	- оставаться.
Much remains to be done.	- Многое остается сделать.
(v) **express [iksˈpres]**	- выражать
(n) **expression [ikspreʃn]**	- выражение (ср.: экспрессия)
(v) **touch [tʌtʃ]**	- (при)касаться, трогать; прикосновение (n).
The mountains seemed to touch the clouds.	- Горы, казалось, касаются облаков.
Don't touch the vase!	- Не трогай вазу!

The sad story touched us.	- Грустная история растрогала нас.
She was deeply touched.	- Она была глубоко тронута.
(n) top [tɔp]	- верхушка, верхняя часть чего-либо
bottom [bɔtəm]	- дно, нижняя часть чего-либо
from top to bottom	- сверху донизу
at the top (bottom) of the page	- сверху (внизу) страницы.
top-ten	- первая десятка (лучших песен, игроков и т. д.)
top-secret	- совершенно секретно
topless	- женская одежда (купальник) "без верха".
The ship went to the bottom.	- Корабль пошел на дно.
(v)(n) surprise [sə'praiz]	- удивлять (ся); удивление
You surprise me!	- Вы меня удивляете!
I'm surprised he didn't come.	- Я удивлен, что он не пришел.
To my surprise he didn't come.	- К моему удивлению, он не пришел
a surprise visit	- неожиданный визит
(a) alone [ə'loun]	- один (без других людей); употребляется только в сцепке с глаголом.
You can't lift a piano alone.	- Вы не можете один поднять пианино.
He likes living all alone.	- Он любит жить совсем один.
(a) lonely ['lounli]	- одинокий (без людей)
a lonely traveller	- одинокий путешественник.
I feel lonely.	- Я чувствую себя одиноко.
a lonely street	- пустынная улица
(a) <u>h</u>onest ['ɔnist]	- честный
an honest man	- честный человек
He is poor but honest.	- Он беден, но честен
(n) <u>h</u>onour ['ɔnə]	- честь
a man of honour	- благородный человек
a word of honour	- честное слово
(v) belong [bi'lɔŋ]	- принадлежать (требует предлога to)
This car belongs to me.	- Эта машина принадлежит мне.
(v) gather [gæðə]	- собирать(ся)
a crowd gathered	- собралась толпа.

☞ **11-3. Дополнительные значения will, shall, would, should**

Помимо основной роли - вспомогательных глаголов, образующих будущее время и его "прошедший вариант", - эти слова обзавелись еще целым рядом значений. Приведем наиболее существенные из них.

Will

1) Прежде всего **will** имеет важное значение как существительное:

(n) **will**	- воля, желание
a will to live	- воля к жизни
he has a strong (weak) will.	- У него сильная (слабая) воля.
You can come and go at will.	- Можно приходить и уходить по желанию.
the last will	- последняя воля (завещание)
(Посл.) **Where there is a will there is a way.**	- Где есть желание, там найдется и способ (сделать что-либо).

2) Отсюда важный оттенок этого глагола:

(v) **will**	- проявлять волю, желание, намерение
Do as you will.	- Делайте как хотите.
I'm willing to visit you.	- Я склонен навестить вас.
He won't do it.	- Он не будет делать это (не захочет).
I will stop smoking!	- Я брошу курить!

Это значение близко к обычному будущему времени, при этом **will** "официально разрешен" во всех лицах, в т. ч. и в 1-м.

3) Следующее значение **will** также связано с волеизъявлением: применяется оно во 2-м лице и выражает вежливую просьбу или приглашение.

Will you please sit down?	- Хотите присесть?
Will you have a cup of tea?	- Выпьете чаю?
Will you tell me the time?	- Скажите, пожалуйста, который час?
Wait a moment, will you.	- Подождите минуточку, пожалуйста.
Pass the salt, will you.	- Передайте соль, пожалуйста.
Won't you come in?	- Не хотите ли войти?
Have a piece of cake, won't you?	- Возьмите пирожное, пожалуйста.
Who will have some coffee?	- Кто хочет кофе?

Would

1) Максимальная степень вежливости: **will** (3) заменяется на **would**:

Would you please let me know. — Пожалуйста, дайте мне знать.

Построим просьбу с возрастанием вежливости:

Open the window.
Open the window, will you?
Will you open the window, please?
Won't you open the window?
Would you open the window, please?
Would you mind opening the window, please?

2) **Would** заменяет **will**, когда правило согласования времен требует перехода в прошедшее время (11-1, 11-2).

I said, "I will go with you"
I said that I would go with you.

3) Описывает регулярное действие в прошлом (синоним **used to** - иметь обыкновение).

They would wait for us at home. — Они обычно ждали нас дома.

4) Участвует в построении условных предложений (13-1).

5) Распространенный идиоматический оборот:

Ⓜ **I would like = I'd like** — Я бы хотел
— звучит более вежливо, чем глагол **want**.

I would like to sleep. — Мне бы хотелось поспать.
Would you like to sleep?
No, I don't want to (sleep).
Would you like to eat? — Хотите поесть?
Wouldn't you like to drink? — Не хотите ли выпить?

Shall

В современной речи встречается намного реже, чем его "собратья".

1) В вопросах, когда говорящий ожидает совета, указания; предлагает свои услуги

Shall I wait for you?	- Мне вас подождать?
Shall I bring you some tea?	- Принести вам чаю?
Shall we go with you?	- Нам пойти с вами?

Сравните:
What shall I do?	- Что мне делать? (Я жду инструкции).
What will I do if...	- Что я буду делать, если... (обычный вопрос).

Как видите, это значение **shall** перекликается со словом **should** - следует, должен.

2) **Shall** может стоять в любом лице, когда относится к формальной или возвышенной речи и выражает:

a) решимость, сильную эмоцию
We shall overcome!	- Мы преодолеем! (это из гимна)
The enemy shall not pass!	- Враг не пройдет!
He shall not come here!	- (т. е. я не допущу)

b) упрямство
Please, don't do it.	
I shall do it.	- А я буду.

Should

1) **Should** употребляется как прошедшее время от **shall** и поэтому дублирует 2) и 3) значение **would** (в принципе).

Вопрос о том, надо ли употреблять для образования будущего времени **shall** и **will** или только **will** (и соответственно **should** и **would**), не может быть решен однозначно. В разных районах США и Англии, в разных слоях общества можно встретить разные варианты.

Однако мы исходим из того, что в целом налицо тенденция к преимущественному использованию **will**, что, кстати, и проще для студента.

2) 2-е (основное) значение **should** у нас уже встречалось - следует, должен (9-6). С его помощью дают советы, пожелания:

You should eat more fruit.	- Вам надо есть больше фруктов.
You shouldn't tell lies.	- Не надо обманывать.
(Посл.) **Those who live in glass houses should not throw stones.**	- Те, кто живет в стеклянных домах, не должны бросать камни.

В сочетании с перфектной конструкцией **should** показывает, что рекомендация не была выполнена.

You should have stopped at the red light.	- Вам надо было остановиться на красный свет.
You shouldn't have told him that.	- Не надо было ему говорить.
You should have seen his face.	- Вам надо было видеть его лицо.

3) Идиоматические обороты:

ⓜ **What's his phone number?**	- Какой у него номер телефона?
ⓜ **How should I know?**	- Откуда мне знать?
Give me that book.	- Дай мне эту книгу.
Why should I?	- С какой стати?

Слова

(n) **part** [pa:t]	- часть
the most part (of the day)	- большая часть (дня).
We've never visited this part of the city.	- Мы никогда не были в этой части города.
to work part-time	- работать неполный рабочий день.
to take part (in)	- принимать участие (в)
(adv) **partly**	- частично
(n) **particle**	- частица
(v) **part**	- разделять (на части) расставаться
Our ways part here.	- Здесь наши пути расходятся.
We tried to part the fighters.	- Мы старались разнять дерущихся.
Then we parted.	- Потом мы расстались.
They were parted.	- Их разлучили.
(Посл.) **A fool and his money are soon parted.**	- Дурак скоро расстается с деньгами.

(v) **keep [ki:p] (kept, kept)**	- хранить, держать
He keeps his hands in his pockets.	- Он держит руки в карманах
to keep a shop (a dog)	- держать магазин (собаку)
shop-keeper	- владелец магазина
house-keeper	- тот, кто ведет домашнее хозяйство
Ⓜ **Keep left.**	- Держитесь левой стороны!
to keep a secret	- хранить тайну.
We must keep them from it.	- Мы должны удержать их от этого.
Keep this in mind!	- Помните это!
He kept his word.	- Он сдержал слово.
I couldn't keep from laughing.	- Я не мог удержаться от смеха.
(Посл.) **Keep something for a rainy day.**	- Сохрани что-нибудь на черный день.

2) сохранять свое состояние; продолжать делать что-либо.

Keep silent!	- Молчите! (Сохраняйте молчание).
The weather keeps fine.	- Погода сохраняется хорошей.
He keeps thinking of her.	- Он все время думает о ней.
She keeps working.	- Она не перестает работать.
(v)(n) **wish [wiʃ]**	- желать; желание, пожелание
I wish you good night.	- Желаю вам спокойной ночи.
Ⓜ **I wish you all the best.**	- Желаю вам всего наилучшего.
You cannot wish for anything better.	- Ничего лучшего и пожелать нельзя.
She wishes to be alone.	- Она хочет побыть одна.
good wishes	- добрые пожелания.
(Посл.) **If wishes were horses, beggars might ride.**	- Если бы желания были лошадьми, то нищие бы ездили верхом .

Последний пример относится к "условным предложениям" - это важная сфера применения глагола **to wish** (см. 13-1).

Несколько глаголов образуют II, III формы подобно **know**

(v) **grow (grew, grown)**	- расти
blow (blew, blown)	1) думать; 2) расцветать
draw [drɔ:] (drew, drawn)	1) тащить; 2) чертить, рисовать
fly [flai] (flew, flown)	- летать
(n) **flight**	- полет
a grown man = grown-up	- взрослый

(n)	drawing	- рисунок, чертеж
(v)	pass [pa:s]	- проходить; миновать; передавать
	The crowd parted and let him pass.	- Толпа расступилась и дала ему пройти.
	The time passed pleasantly.	- Время прошло приятно.
	We passed the Post Office.	- Мы прошли мимо почты.
(n)	passer-by	- прохожий
Ⓜ	Please, pass (me) the salt!	- Пожалуйста, передайте (мне) соль!
	He passed me your note.	- Он передал мне вашу записку.
	to pass the examination	- сдать экзамен
(v)	knock [nɔk]	- стучать(ся); ударять
(n)	knock	- стук
	someone is knocking at the door	- кто-то стучит в дверь
	to knock down	наносить сильный удар,
	to knock out	"вырубать"; (нокдаун, нокаут)
(n)	point [pɔint]	- точка, пункт
	point = full stop	- точка (на письме)
	the boiling point	- точка кипения
	a point of view	- точка зрения
	at this point he stopped	- в этом месте он остановился
	a turning point	- поворотный пункт
	point by point	- пункт за пунктом, по порядку
(v)	point	- указывать, показывать (в какую-то точку)
	The hands of the clock pointed to 7.	- Стрелки часов показывали 7.

☞ **11-4. Заменители подлежащего**

В русском языке сплошь и рядом встречаются предложения без подлежащего: (1) Холодно. (2) На этот вопрос нелегко ответить. (3) Учиться никогда не поздно.

В английском языке и подлежащее, и сказуемое должны быть на месте. В первую очередь и без всяких исключений это относится к глаголу. Подлежащее же (если оно по смыслу отсутствует) можно для проформы заменить "манекеном".

Такие конструкции характерны для английской речи.

а) Самый простой и распространенный вариант - **it** в качестве "фиктивного подлежащего".

It is cold. - Холодно.

It is Tuesday today.	- Сегодня - вторник.
It was hot yesterday.	- Вчера было жарко.
It will be dark soon.	- Скоро будет темно.
It's about 5 miles from here to the town.	- Отсюда до города примерно 5 миль.

b) Очень часто такой оборот начинает английское предложение, а иногда и в качестве придаточного.

It is difficult to be a student.	- Трудно быть студентом.
It isn't easy to answer this question.	- На этот вопрос нелегко ответить.
It's possible that he will come tonight.	- Возможно, он придет сегодня вечером.
It was a pleasure to see you.	- Мне было приятно вас видеть.
It's a mystery what he sees in her.	- Загадка, что он в ней находит.

Здесь проявляется одна существенная деталь: английский язык предпочитает помещать многословные "тяжелые" элементы (несущие основную смысловую нагрузку) в конце предложения. Не будет ошибкой сказать так:

To be with you is nice. - Здесь роль подлежащего выполняет инфинитивный оборот. Но естественней, изящнее будет:

It is nice to be with you.

ⓂIt's difficult to understand what she's talking about.	- Трудно понять, о чем она говорит.
It's probable that we'll be a little late.	- Вероятно, мы немного опоздаем.
It's unusual to see Peter with a girl.	- Непривычно видеть Пита с девушкой.
Is it true that she is ill?	- Правда, что она больна?
It'll be best to go early.	- Лучше пойти рано.

c) **It** в роли подлежащего может "сотрудничать" и с некоторыми другими глаголами.

Ⓜ It makes no difference what you will say.	- Не имеет значения (все равно, без разницы), что вы скажете.
Ⓜ Does it make any difference?	- Что-нибудь меняется? (Есть ли разница?)
(v) take	2) занимать, отнимать (о времени).
Ⓜ It takes 3 min. to boil an egg.	- Сварить яйцо занимает 3 мин.
Ⓜ How long does it take to get there?	- Сколько времени занимает добраться туда?

Два глагола - **seem, appear** - особо тяготеют к этому варианту (см. ниже).

d) Если речь в безличном предложении идет о неком условном человеке (в русском языке такой оборот называется неопределенно-личным), то роль подставного подлежащего выполняет слово **one** (это уже его 3-я функция - неопределенное местоимение).

One can easily do it.	- Это можно легко сделать.
(Посл.) **One is never too old to learn.**	- Учиться никогда не поздно.
(Посл.) **One cannot be in two places at once.**	- Нельзя быть сразу в двух местах.

Обратите внимание, как **one** образует притяжательное местоимение, - это непривычно.

One should be polite with one's family.	- Надо быть вежливым со своей семьей.
It is a pity to spend all one's life in the same place.	- Жалко провести всю (свою) жизнь на одном месте.

Когда речь идет о неопределенной группе людей, употребляется местоимение **they**

They say it's going to rain tomorrow.	- Говорят, завтра будет дождь.
They drink a lot wine in Italy.	- В Италии пьют много вина.

e) Дополнительные замечания.

1) Еще один штрих к разобранной теме: слово **it** может заменять не только подлежащее, но и дополнение. Происходит это редко (как правило, в присутствии глагола **make**), и мы предлагаем вам этот изящный и непривычный оборот просто как модель для ознакомления.

(М)
to make it possible	- делать возможным
to make it clear	- давать ясно понять.
The new method makes it possible to obtain better results.	- Новый метод дает возможность получать лучшие результаты.

2) Два глагола - **seem, appear** - стоят особняком именно потому, что для них характерно употребление с "фиктивным" подлежащим **it**.

(v) **seem [si:m]**	- казаться
(v) **appear [ə'piə]**	- казаться, представляться (более формальный синоним)

(v) **It seems (appears) to me that...**	- Мне кажется, что...
It seems that no one wants to eat.	- Кажется, никто не хочет есть.
It seems as if he is right.	- Похоже, что он прав.
I am tired.- So it seems	- Я устал. - Оно и видно.
It appears certain.	- Это кажется определенным.

Appear имеет еще и второе значение:

appear	- 2) появляться	Это глаголы "без особенностей".
disappear	- исчезнуть	

☞ **11-5. "Сложные" слова**

При изучении иностранного языка на студента обрушивается лавина незнакомых слов. Выучить все значения всех слов просто нереально. Необходимо выработать приоритеты, критерии отбора слов.

Мы хотим обратить ваше внимание на две идеи.

1) Частота встречаемости. По этому принципу строятся так называемые частотные словари: выбирают большой массив текстов и подсчитывают, сколько раз встречается то или иное слово. Элемент субъективности при этом заложен в самом выборе текстов: скажем, научные и спортивные тексты дадут весьма разную картину.

В нашем курсе приводятся, с небольшими исключениями, слова, взятые из "усредненной" первой тысячи слов.

При встрече с незнакомыми словами надо вырабатывать навык определять, насколько они для вас важны.

2) Совпадение поля значений с русским переводом. Слово может быть частым и, значит, важным, но легким для изучения, если разные значения его и соответствующего русского слова, сфера их употребления (**usage**) достаточно близки.

(v)(n) **promise ['prɔmis]** - обещать; обещание.

Встречается и противоположная ситуация - такие слова требуют особого внимания. Например, слово **mind**. Такие "сложные" слова есть и в русском и в английском. Вот примеры:

(n) **matter [mætə]**	1) вещество, материя
The matter in the Universe.	- Материя во Вселенной
	2) содержание, материал (в книге, статье и т. д.)
form and matter	- форма и содержание.

	3) дело, вопрос
a matter of great importance	- очень важное дело (вопрос)
a matter of life and death	- вопрос жизни и смерти
an easy matter	- простое дело (вопрос)
small matters	- пустяки, мелочи
It is a matter of time.	- Это вопрос времени.
To make matters worse he was late.	- Хуже того, он еще и опоздал.
ⓂWhat's the matter?	- В чем дело? (Что случилось?)
ⓂWhat is the matter with him?	- Что с ним?
	4) важность, значение
ⓂNo matter!≅ Never mind!	- Ничего! (Не важно!)
If you can't do it, no matter!	- Если вы не можете это сделать, не важно.
(v) matter	- иметь значение, представлять важность
ⓂIt doesn't matter to me ≅ I don't care.	
It doesn't matter to me what you think.	- Мне все равно, что ты думаешь.
ⓂWhat does it matter?	- Какое это имеет значение?
It hardly matters at all.	- Едва ли это имеет значение.

Русское слово "дело"

(n) business ['biznis]	1) бизнес, коммерция
We do some business with them.	- У нас с ними деловые связи.
He is in the wool business.	- Он торгует шерстью.
He is in business for himself.	- У него собственное дело.
small businesses	- небольшие предприятия
business hours	- рабочие часы
businessmen	- бизнесмен
big business	- крупный капитал
	2) дело, занятие (в широком смысле).
ⓂThat's not your business!	- Это не ваше дело!
Mind your own business!	- Не лезьте в чужие дела!
What is your business here?	- Зачем вы сюда пришли?
It is a part of a teacher's business.	- Это входит в обязанности учителя.
I'm kept here by business.	- Меня здесь держат дела.

(n)	**matter**	- дело, вопрос.
	That's quite another matter.	- Это совсем другое дело.
	That's a matter of taste.	- Это дело вкуса
	business matters	- деловые вопросы
	money matters	- денежные вопросы, дела
(n)	**deal** [di:l]	- сделка
	dealer	- дилер, торговый агент
	Well, it's a deal!	- По рукам! Договорились!
(v)	**deal**	- иметь дело
	We'll deal with this matter tomorrow.	- Этим делом мы займемся завтра.
	Science deals with the facts.	- Наука имеет дело с фактами.
	A book dealing with Asian problems.	- Книга, касающаяся азиатских проблем.
(n)	**affair** [əˈfɛə]	- дело (в широком смысле; не афера).
	Ministry of Foreign Affairs.	- Мин-во иностранных дел.
	affair of honour	- дело чести; дуэль
	love affair	- любовный роман; связь
(n)	**action** [ˈækʃn]	- действие; деятельность
	a man of action	- человек дела
	(Посл.) Actions speak louder than words.	- Не по словам судят, а по делам.
(n)	**case**	- (судебное) дело (см. также ур. 13).
(n)	**deed** [di:d]	- деяние, дело (возвышенно).
	in word and in deed	- словами и делом
	indeed	- в самом деле; действительно
	I was indeed very glad to see you.	- Я действительно был очень рад видеть вас.

Можно найти еще несколько менее важных английских слов, соответствующих русскому "дело". Плюс ряд оборотов:

It's up to you.	- Дело за вами.
How are the things going?	
How are you getting on?	- Как (ваши) дела?
The point is that...	- Дело в том, что...
That's just the point.	- В том-то и дело.
Keep to the point!	- Ближе к делу!

(Здесь более тонкое значение **point** - суть; главное.)

Русское слово "земля"

(n)	**earth** [ə:θ]	- земля, земной шар (в противоположность небу).
	The Earth goes round the Sun.	- Земля вращается вокруг Солнца.

the greatest poet on earth	- величайший поэт на земле
to come back to earth	- спуститься с облаков на землю
(n) land [lænd]	- суша, земельный участок, территория (в противоположность воде)
To travel by land or by sea.	- Путешествовать по суше или по морю.
landowner	- землевладелец
landscape	- ландшафт; пейзаж
(n) ground [graund]	- земля как твердая опора (отсюда грунт)
to lie on the ground	- лежать на земле
ground-to-air missile	- ракета "земля-воздух"
ground floor	- первый этаж
(n) soil [sɔil]	- почва; земля (верхний слой)
poor (rich) soil	- бедная (богатая) почва (в смысле плодородия)

☞ **11-6. Еще об артиклях**

Употребление артиклей, как уже говорилось, очень сложно: и все правила на этот счет действуют как бы "не до конца". Поговорим сейчас о тех случаях, когда существительное должно обходиться без артиклей.

a) Артикль не ставится перед отвлеченными понятиями в широком понимании.

He writes about life.	- Он пишет о жизни.
Honesty is beautiful.	- Честность прекрасна.

Но как только эти понятия конкретизируются, появляется определенный артикль.

He writes about the life of Pushkin.	- Он пишет о жизни Пушкина.
I was surprised at the honesty with which he said it.	- Я был удивлен той честностью, с которой он это сказал.

b) Артикль не ставится перед существительными, обозначающими вид пищи; вещество; но если речь пойдет о предмете, артикль появится.

I like coffee.	- Я люблю кофе.
The coffee that you bought is bitter.	- Кофе, который вы купили, горький.
Pass me the salt!	- Передайте мне соль (т. е. солонку).
Windows are made of glass.	- Окна делают из стекла.
Give me a glass of wine.	- Дайте мне стакан вина.

c) Без артиклей употребляются названия: видов спорта; болезней; научных дисциплин.

I play tennis.   I study biology.   She's had appendicitis.
У нее был аппендицит.

Два исключения: **I have a cold (a headache).**
У меня насморк (головная боль).

d) Времена года: **in summer = in the summer.** - Можно и так и так.

e) С географическими названиями путаница: с определенным артиклем идут названия морей, океанов, рек, пустынь, горных систем и др. Без артикля: континенты, штаты, округи, города, улицы, озера, отдельные горы, страны. Однако с артиклем идут составные названия стран: **the USSR, the USA, etc.**, а также еще некоторые (без всяких объяснений, например, **the Sudan**).

f) Ряд бытовых привычных существительных не требует артикля: **to go to work (bed, school, college, market, etc.).** Но если они используются не по прямому назначению, артикль появляется.

My brother is in hospital.	- Мой брат в больнице.
I'm going to the hospital to see him.	- Я собираюсь в больницу навестить его.
He is in prison.	- Он в тюрьме (сидит).
He is in the prison.	(Например, в качестве посетителя.)

g) Еще один пример непоследовательности:

to listen to the radio; on the radio	- по радио,
но: **to watch television; on television (on TV)**	- по телевидению.

Русское слово "работа"

(n) **Work**	- работа, труд, дело (самое широкое значение).
well-paid work	- хорошо оплачиваемая работа
to get to work	- приниматься за работу
What a nice piece of work!	- Какая чудесная работа!
The robot will do the work of 5 men.	
He is at work now.	- Он на работе сейчас.

(n)	**worker**	- не только рабочий, но и вообще работник
	social worker	- что-то вроде работника собеса.
	He is a hard worker.	- Он усердно трудится.
(n)	**workman**	- рабочий.
(n)	**job [dʒɔb]**	- платная работа, место службы.
	He has a good job (as a bus-driver).	- У него хорошая работа - водитель автобуса.
	He has lost his job.	- Он потерял работу.
	<u>**He is jobless**</u>	- Он - безработный.

Ⓜ **(That's) a good job!**   - (Вот это) здорово!
Для этого значения есть и более официальное слово.

(v)	**employ [imˈplɔi]**	- нанимать, держать на службе
	to be employed	- работать (по найму)
(n)	**employer**	- работодатель
(n)	**employment**	- работа, служба, занятость
	unemployment	- безработица
	He is unemployed.	- Он безработный.
(n)	**Labour (Amer. labor) [ˈleibə]**	- труд
	Labour Party	- партия лейбористов
	The Ministry of Labor	- Министерство труда
	Labor Day	- День труда
	labor union = trade union	- профсоюз
	laborer	- чернорабочий
(n)	**office [ˈɔfis]**	- контора; служба, должность
	a doctor's office	- кабинет (помещение) доктора
	to work at an office	- работать в учреждении (конторе)
	Extra work kept me at the office.	- Сверхурочная работа задержала меня в конторе (на работе).
	Post Office	- почта
	Post Office Box	- абонентный ящик
	officer	- чиновник, должностное лицо ≅ **official**
(v)	**order**	- приказывать, заказывать
(n)	**order [ˈɔ:də]**	1) порядок; 2) приказ, заказ
	in alphabetical order	- в алфавитном порядке
	Are your papers <u>in order</u>?	- Ваши бумаги в порядке?
	The phone is <u>out of order</u>.	- Телефон неисправен
	to get out of order	- сломаться, испортиться
	to call to order	- призвать к порядку
	to keep order	- соблюдать порядок
	Law and Order	- Закон и Порядок.

The doctor ordered me to stay in bed.	- Доктор приказал мне оставаться в постели.
to give (to receive) orders	- отдавать (получать) приказания
to order dinner in the restaurant	- заказывать обед в ресторане
an order for two tons of coal	- заказ на 2 тонны угля.

Русское слово "целый" имеет два значения:
1) неповрежденный - **safe, unbroken**
2) весь - <u>whole</u>['houl] - (не путать **hole** ['houl] - дыра)

He ate the whole chicken.	- Он съел всего (целого) цыпленка.
As a whole you are right.	- В целом вы правы.
The whole day (= all day) was lost.	- Весь (целый) день был потерян.
The whole town spoke of him.	- Весь город говорил о нем.
(n) the rest [rest]	- остаток, остальное
Take what you want and throw the rest away.	- Возьмите, что вам надо, а остальное выбросьте.
Andrew went home and the rest of us were watching TV.	- Эндрю ушел домой, а остальные смотрели телевизор.
(n, v) rest	- отдых, отдыхать: это омоним, нет никакой связи.
I need some rest	- Мне надо немного отдохнуть.
(v) serve [sə:v]	- служить
She served the family for 10 years.	- Она служила в нашей семье 10 лет.
He served a year in the Army.	- Он отслужил год в армии.
We were served well.	- Нас хорошо обслужили.
to serve dinner (tea, etc.)	- подавать обед (чай и т. д.).
(n) servant ['sə:vənt]	- слуга
(n) service ['sə:vis]	- служба (сервис).
BBC World Service	- мировая служба радио Би-Би-Си.

УРОК 12

☞ 12-1. Perfect Continuous Tense

Это последняя, четвертая группа времен совсем уж необычна для русскоязычного студента. Она сочетает свойства времен **Perfect** и **Continuous**. Взгляните сначала на примеры:
   Her eyes are red. She <u>has been crying</u>.
   У нее красные глаза. Она плакала.
   "You look hot!" - "Yes, <u>I've been running</u>"!
   "Вы выглядите разгоряченным." - "Да, я бежал".
   К счастью, употребляются эти времена сравнительно редко, и вам сейчас достаточно просто ознакомиться с ними.

Форма.

Глагол сначала претерпевает преобразование **Continuous**, а затем **Perfect**.

Cont.[to wait] = to be waiting
Perf. [to be waiting] = to have been waiting.

I have been waiting all day.	- Я прождал весь день.
Have you been waiting long?	- Вы долго прождали?
I haven't been waiting long.	- Я прождал недолго.

Уже второй раз мы встречаем составной вспомогательный глагол **have been** (10-1), надо привыкать.

Употребление.

Группа **Perf. Cont.** близко примыкает к группе времен **Perfect**, являясь как бы ее ответвлением, и отличается акцентом на продолженность, растянутость действия.

I've read your book (so you can take it).	- Я прочел вашу книгу.
I've been reading it (so I was busy).	- Я читал ее.
He hasn't worked for years.	- Он уже несколько лет не работает.
He hasn't been working very well recently.	- В последнее время он работает не очень хорошо.
What have you done with my book? (Where is it?)	- Что ты сделал с моей книгой?
What have you been doing to it? Have you been using it as a hammer?	- Что ты с ней делал? Использовал как молоток?

Но если действие датировано в прошлом (помните?), идея **Perfect** аннулируется, и тогда ближайшим заменителем оказывается **Past Continuous**.

I've been working all day (and I'm tired now).	- Я проработал весь день.
I was working until seven o'clock.	- Я проработал до 7 часов.
It has been raining, but it has stopped now.	- Шел дождь, но теперь он перестал.

Слова

(n) line [lain]	- линия; строка; очередь, ряд
telephone lines	- телеф. линии
Hold the line!	- Не вешайте трубку!

Line is engaged (Amer. busy).	- Линия занята.
Did the ball cross the line?	- Мяч пересек линию?
an airline	- авиалиния
to read between the lines	- читать между строк.
Do you remember these lines?	- Вы помните эти строки?
Ⓜ Drop me a line.	- Черкните мне пару слов
a line of trees (chairs)	- ряд (череда) деревьев (стульев)
a line of people in front of the shop	- очередь перед магазином
miss [mis]	1) упустить; пропустить, промахнуться 2) переживать отсутствие чего-то.
He missed the 9-30 train (by 3 min.).	- Он опоздал на поезд в 9-30 (на 3 мин.).
You've must missed him!	- Он только что ушел.
I missed the first lesson.	- Я пропустил первый урок.
You've missed (for the third time).	- Вы промахнулись (в третий раз).
We miss you terribly.	- Мы страшно скучаем по тебе.
(v) fit [fit]	- подходить по размеру, форме и т. д.
This coat doesn't fit me.	- Это пальто на мне плохо сидит.
(a) fit	1) подходящий; 2) в хорошей физической форме.
He is not fit for this position.	- Он не подходит для этой должности.
He has been ill and is not fit for work.	- Он был болен и сейчас не может работать.
(v) suit [sju:t]	- подходить (по впечатлению).
This hat suits you.	- Эта шляпа вам к лицу.
It doesn't suit you to have you hair cut short.	- Вам не идет быть коротко подстриженным.
This house will suit me.	- Этот дом мне подойдет.
(a) suitable [ˈsju:təbl]	- подходящий, годный.
Clothes suitable for cold weather.	- Одежда, подходящая для холодной погоды.
(n) suit	- костюм
a three-piece suit	- костюм-тройка
suit-case	- чемодан
(n) reason [ˈri:zn]	- причина.
She had a reason for laughing.	- У нее была причина для смеха.
for that reason	- по этой причине.
Give me the reason why you are here.	- Объясни мне, почему ты здесь.

(a) **reasonable** ['ri:znəbl] — разумный
That's reasonable. — Это разумно!
The price is quite reasonable. — Цена вполне разумная (умеренная).
(v) **set (set, set)** — устанавливать (приводить в некое конечное со-стояние).

У этого глагола масса значений, к счастью, не слишком далеких друг от друга. Для начала мы приводим самое емкое.

to set chair for visitors — расставлять стулья для гостей

to set a time — назначать время.
I set my watch by the time-signal on the radio. — Я установил свои часы по радио
to set a record — устанавливать рекорд
(n) **set** — набор, комплект (ряд предметов, дополняющих друг друга)

a set of instruments — набор инструментов
a set of dishes; tea-set — сервиз; чайный сервиз
a set of furniture — мебельный гарнитур
a radio set — радиоприемник
TV set — телевизор
(a) **real** ['riəl] — действительный, реальный; настоящий.

Tell me the real reason for your absence from work. — Скажите мне действительную причину вашего отсутствия на работе.

Is this real gold? — Это настоящее золото?
really — 1) действительно
Has he really gone? — Он действительно уехал?
Ⓜ **I'm really sorry.** — Мне действительно очень жаль.
I really like the Beatles. — Я действительно (очень) люблю Битлз.

Это довольно "хитрое" слово: его смысл зависит от места в предложении :
I really don't like her. — Я ее действительно не люблю.
I don't really like her. — Я к ней, в общем, равнодушен.

В начале фразы это возглас неуверенности:
Really, it's not good! — Право же (в общем), это нехорошо!

2) выражает удивление, интерес, сомнение.

I know him. - Oh, really! — Вот как! Правда?
Или: **Not really!** — Не может быть!
(n) **reality** [ri'æliti] — действительность

☞ **12-2. Progressive aspect
(идея продолженного действия) - грамматическая картина**

Нам надо закончить обзор грамматического здания **Passive**. Группы времен (**aspects**) **Indefinite** и **Perfect** мы уже рассматривали.

А дальше возникает новый фактор. Вам встречались уже фразы с двумя и даже тремя вспомогательными глаголами. Но четыре - это уже слишком даже для англичанина. Кроме того, считается наблагозвучным ставить рядом слова **be, been, being**. Поэтому из 8 возможных пассивных времен групп **Continuous** и **Perf. Continuous** в современном английском языке существуют только два - **Present Continuous Passive** и **Past Cont. Passive**.

Смысл этих времен вам должен быть ясен - сиюминутность, продолженность действия (совершаемого над объектом), а вот форма здесь, конечно, непривычна.

1-е преобразование - пассивный инфинитив - **to be built**.
Cont. [to be built] = The house is being built. - Дом строится.

I cannot show you my car: - Я не могу показать вам мою
it <u>is being washed.</u> машину: <u>ее сейчас моют</u>.

Past Cont. Passive потребует поставить первый глагол в прошедшем времени (**was, were**); встречается оно редко.

Слова

(v) **tie** [tai]	- связывать, привязывать.
to tie a horse to a tree.	- Привязывать лошадь к дереву.
Tie your shoes!	- Завяжи ботинки!
He is tied to his bed.	- Он прикован к постели
(n) **tie**	1) связь, узы
	2) узел, крепление
the ties of friendship	- узы дружбы
family ties	- семейные узы
The dog broke its tie.	- Собака сорвалась с привязи.
The child was a tie on her.	- Ребенок ее связывал.
	3) галстук = **necktie**
	4) ничья (в спорте)
The game ended in a tie.	- Игра закончилась вничью.
(v) **tear** (tore, torn) [tɛə]	- рвать
to tear smth. to pieces	- разорвать что-нибудь на кусочки.
She is tearing her hair.	- Она рвет на себе волосы.
Paper tears easily.	- Бумага легко рвется.
torn clothes	- порванная одежда.
A heart torn by sorrow.	- Сердце, разрываемое печалью.

(n)	tear [tiə]	-	слеза. Эти слова - омонимы.
	Her eyes filled with tears.	-	Ее глаза наполнились слезами.
	The story moved us to tears.	-	Эта история тронула нас до слез.
	She came to us in tears.	-	Она пришла к нам вся в слезах
	tear-gas	-	слезоточивый газ
	tearful	-	плачущий, печальный
(v, n)	doubt ['daut]	-	сомневаться, сомнение.
	I don't doubt that he will come.	-	Я не сомневаюсь, что он придет.
	There is no doubt about it.	-	Это несомненно.
	He is in doubt what to do.	-	Он сомневается, как поступить.
	When in doubt about the meaning of a word, consult a dictionary.	-	Если сомневаетесь в значении слова, справьтесь в словаре.
Ⓜ	No doubt, he is right.	-	Несомненно, он прав.
	doubtful	-	сомневающийся, сомнительный.
(n)	law [lɔ:]	-	закон
	to go to law	-	обращаться в суд
	laws of nature, Newton's laws	-	законы природы (Ньютона)
(n)	lawyer ['lɔjə]	-	юрист; адвокат
	the law of the jungle	-	закон джунглей
	law-maker	-	законодатель
(n, v)	judge [dʒʌdʒ]	-	судья; судить.
	Don't judge a man by his looks.	-	Не судите человека по его виду.
	Judging by his words...	-	Судя по его словам...
	judgement	-	суждение; решение суда
(v)	reach [ri:tʃ]	-	достигать, доходить
	to reach an agreement	-	достигать соглашения
	to reach perfection	-	достигать совершенства
	We'll reach London at 7-00.	-	Мы прибудем в Лондон в 7-00.
	to reach old age	-	достигать старости.
	Not a sound reached our ears.	-	Ни один звук не доходил до нас.
	Your letter reached us yesterday.	-	Ваше письмо дошло до нас вчера.
	Telecast reached 1 million people.	-	Телепередачу смотрели 1 млн. человек.
	Where can I reach you?	-	Как можно с вами связаться?

(a)   **final** [ˈfainəl] — заключительный, окончательный
the final chapter of a book. — заключительная глава книги.
The decision is final — Это решение - окончательное.
finally [ˈfainəli] — в конце концов; в заключение.
Finally, I want to say... — В заключение я хочу сказать...

Синонимы: **at last** - предполагает эмоциональный накал.
At last! Where have you been? — Наконец-то! Где же вы были?
in the end — в конце (концов) - после цепи событий.
Did they get married in the end? — В конце они все-таки поженились?

☞ 12-3. Слова-усилители

Иногда говорящий хочет усилить, акцентировать свое высказывание. В русском языке нужное слово можно произнести "с нажимом". Так же дело обстоит и в английском, если во фразе есть сильный глагол. Если же глагол слабый, то на помощь в очередной раз приходит глагол **to do**, произносимый с ударением.

I do believe in it. — Я все-таки верю в это.
He did see us. — Он действительно видел нас.
She does look nice. — Она правда хорошо выглядит.
Why didn't you tell him? — Почему вы ему не сказали?
- I did tell him. — Да сказал я!

В сочетании с повелительным наклонением **to do** делает просьбу, приглашение более настоятельным.
Do come in! — Ну, входите же!
Do help me, please! — Ну, помогите же мне!

Язык - явление очень многообразное. Мы уже знаем и два специальных слова, подтверждающих, усиливающих высказывание - **really, indeed**.
It's cold. - It is indeed. — Холодно. - Да, действительно.

Слово **very**, как мы знаем, усиливает значение прилагательных.
a very big car — очень большая машина.

Оно, однако, может также акцентировать, уточнять существительное - в русском это делают другие слова.
this very evening — в этот самый вечер
at the very beginning or at the very end of a sentence. — В самом начале или в самом конце предложения.

Есть и специальный оборот для того, чтобы выделить какое-либо слово
It is (was) ... that ...
Возьмем исходную фразу:

Mary found the book yesterday.	- Мэри нашла книгу вчера.
It was Mary that found the book yesterday.	- Именно Мэри нашла вчера книгу.
It was the book that Mary found yesterday.	- Эту книгу Мэри вчера нашла.
It was yesterday that Mary found the book.	- Именно вчера Мэри нашла книгу.

Но глагол не может быть усилен таким образом.
Итак, глагол **to do** успешно и выразительно усиливает слабые глаголы в повелительном наклонении. А вот сильные глаголы в этой ситуации ведут себя довольно вяло. Точнее, **to be** и **to have**, т. к. остальные по смыслу в ней не употребляются.

Be my friend!	- Будь моим другом!

Как усилить эту фразу в тексте, где интонация не слышна? И вот, как бы "под шумок", глагол **to do** занимает неположенное ему место.

Do be careful!	- Будь же осторожен!
Do have another cake.	- Возьмите же еще пирожное.

При построении отрицательной формы повелительного наклонения **to do** "по праву" занимает место перед слабыми глаголами.

Don't go there.	- Не ходи туда.
Look, don't touch!	- Смотри, (но) не трогай!

Однако и перед **to do** и **to have** он удержался на завоеванных позициях:

Don't be a fool!	- Не будь дураком!
Don't have anything to do with him!	- Не имей с ним ничего общего.

Итак, **to do** "помогает" двум сильным глаголам, но это - исключительный случай.

Слова

(n)	**wonder[wʌndə]**	- чудо
	wonder-land	- страна чудес, сказочная страна.

Wonder означает не только чудо, но и эмоциональную реакцию на него - удивление.

It is wonder (that)...	- Удивительно, что...

	No (little) (small) wonder (that)...	- Не удивительно, что...
	No wonder you were so late.	- Не удивительно, что вы так сильно опоздали.
(v)	wonder	- интересоваться, любопытствовать; спрашивать себя.

Его непросто переводить на русский.

	I wonder what he wants.	- Интересно, чего он хочет.
	I wondered if you were free this evening?	- Я все думал, свободны ли вы этим вечером.
	I was just wondering.	- Я просто поинтересовался.
(n)	rule [ru:l]	- правило; правление.
	He does everything by rule.	- Он все делает по правилам.
	to break a rule	- нарушать правило.
	as a rule	- как правило.
	There is no rule without an exception.	- Нет правил без исключений.
	Algiere was then under French rule.	- Алжиром тогда правили французы.
(v)	prove [pru:v]	- доказывать; оказываться.
	Can you prove it to me?	- Можете вы доказать это мне?
	The exception proves the rule.	- Исключение подтверждает правило.
	The book proved useful.	- Книга оказалась полезной.
(n)	force [fɔ:s]	- сила (ср. форсировать).
	the force of the blow	- сила удара
	force of intellect	- сила ума
	force of will	- сила воли.
	To come into force	- вступать в силу
	This law has no force.	- Этот закон не имеет силы
	by force	- силой, насильно
	the policy of force	- политика силы
	Air Force	- Военно-Воздушные Силы.
(n)	effort [ˈefət]	- усилие (это слово шире русского)
	to make efforts	- приложить усилия, старание.
	She decided to make a special effort to please him.	- Она решила специально постараться, чтобы сделать ему приятное.
	It only takes a little effort to keep your shoes clean.	- Не так уж трудно содержать свои туфли чистыми.
(n)	power [ˈpauə]	1) энергия, мощность; сила

nuclear (electric) power	- ядерная (электро)энергия
horse-power	- лошадиная сила (единица мощности)
power-station	- электростанция
	2) могущество, власть; держава.
I will do everything in my power.	- Я сделаю все, что в моих силах.
to come to power	- прийти к власти.
I'm in your power	- Я в вашей власти.
the Great (nuclear) powers	- великие (ядерные) державы
superpower	- сверхдержава

(v) destroy [dis'trɔi]
The forest was destroyed by fire. - Лес был уничтожен пожаром.
The town was destroyed by the enemy forces. - Город был разрушен вражескими силами.

(n) destruction [dis'trʌkʃn] - разрушение, уничтожение
(v) create [kri'eit] - создавать; творить.
Dickens created many books. - Диккенс создал много книг.
He has a creative mind. - У него творческий склад ума.

☞ 12-4. Служебные слова с элементом -ever

В ур. 8-4 мы рассматривали "наборы" местоимений: **everybody, somebody,** etc. Надеюсь, они уже улеглись у вас в голове, и мы теперь можем разобрать последний, не связанный с ними по смыслу набор подобных слов:

whatever	[wɔt'evə]	- что бы ни; все, что
whichever	[witʃ'evə]	- какой бы ни
whenever	[wen'evə]	- когда бы ни
wherever	[wɛər'evə]	- где (куда) бы ни
whoever	[hu'evə]	- кто бы ни
however	[hau'evə]	- как бы ни

У этих слов довольно узкая сфера применения (они чаще всего выступают как союзы), и мы начнем с общей для них модели:

Ⓜ You may read whatever you want. - Вы можете читать все, что хотите.
You may come whenever you like. - Вы можете прийти когда пожелаете (т. е. в любое время).
You may go wherever you wish. - Вы можете идти куда угодно.

| You may do it however you want. | - Вы можете делать это, как вам угодно. |

Не забывайте, что русская частица "ни" является утвердительной, усиливающей.

Whatever happens, I'll always be your friend.	- Что бы ни случилось, я всегда буду вашим другом.
Take whatever you like.	- Берите все, что вам нравится.
Children should eat whatever they are given.	- Дети должны есть то, что им дают.
Whichever day you come, we'll be pleased to see you.	- В какой бы день вы ни пришли, мы будем рады вас видеть.
Whenever I see him I remember you.	- Всякий раз, когда я его вижу, я вспоминаю вас.
We can find him wherever he is.	- Мы можем найти его, где бы он ни был.
Whoever telephones, tell him I'm out.	- Кто бы ни позвонил, скажите, что меня нет дома.
However you go, it will take you two hours.	- Как бы вы ни ехали, это займет у вас 2 часа.
However much he eats, he never gets fat.	- Сколько бы он ни ел, он не толстеет.

В тех случаях, когда говорящий выражает безразличие к тому, что (где, когда) происходит, эта модель равнозначна другой.

| I don't believe her whatever she says. | Что бы она ни говорила, я ей не верю. |
| No matter what she says, I don't believe her. | |

Слова

Одно слово из только что рассмотренного набора имеет дополнительное значение:

	however	- однако.
	Later however he decided to go home.	- Позднее, однако, он решил пойти домой.
	I know this, however, I don't care much.	- Я знаю это, однако мне это безразлично.
(n)	trouble [trʌbl]	- беспокойство, волнение; неприятность, беда; хлопоты, затруднения.

Очень широкий спектр неудобств - от пустяковых до серьезных.

Однозначного перевода просто нет.
to be in trouble	- быть в беде, иметь неприятности.
She is always making troubles.	- Вечно она доставляет хлопоты.
trouble-maker	- нарушитель порядка, спокойствия.
He has a lot of family troubles.	- У него неприятности в семье.
ⓜ What's the trouble?	- В чем дело (т. е. сложность)?
Thank you for all your troubles.	- Спасибо за хлопоты.
It will be no trouble.	- Это меня не затруднит.
(v) trouble	- беспокоить(ся).
Don't trouble about that.	- Не беспокойтесь об этом.
I'm sorry to trouble you.	- Мне неловко вас затруднять.
He didn't even trouble to answer.	- Он даже не потрудился ответить.
She is much troubled by ulser.	- Ее мучает язва.
Physics never troubled him.	- Физика давалась ему легко.
To fish in troubled waters.	- Ловить рыбку в мутной воде.
(Посл.)
Don't trouble trouble until trouble troubles you.	- Не буди лиха, пока лихо спит.
Don't meet trouble half way.	- С неприятностями надо справляться по мере их поступления.
(v) enter ['entə]	- входить (оно не такое обиходное, как **come in**)
The train entered a tunnel.	- Поезд вошел в туннель.
to enter the university	- Поступить в университет.
(n) entrance ['entrəns]	- вход; поступление
No entrance!	- Вход воспрещен!
(v,n) guess ['ges]	- догадываться; отгадывать; догадка.
I can only guess about it.	- Я могу только догадываться об этом.
Guess what I'm reading.	- Отгадай, что я читаю.
You've guessed right.	- Вы отгадали правильно.
What is your guess?	- Что вы предполагаете?
guess-work	- головоломка
(a) worth [wə:θ]	- стоящий
It is worth much more.	- Это стоит намного больше.
ⓜ The book is worth reading.	- Эту книгу стоит почитать.
It is not worth remembering.	- Не стоит вспоминать.
It is worth visiting Kiev. Kiev is worth visiting.	- В Киев стоит поехать.

Ⓜ **Is it worth the money?** — Вещь стоит этих денег?
(Посл.) **What is worth doing is worth doing well.** — Если делать, так делать хорошо.

☞ 12-5. Сложные предлоги и служебные слова.

Составные предлоги поначалу непривычны:

<u>from above</u>	- сверху.
The light falls from above.	- Свет падает сверху.
<u>from below, from under</u>	- снизу; из-под.
She was looking at me from under her spectacles.	- Она смотрела на меня из-под очков
<u>from inside</u>	- изнутри
<u>from outside</u>	- снаружи
He entered from outside.	- Он вошел с улицы.
<u>from round</u>	- из-за (предлог "из-за" имеет второе значение, показывает причину, ур. 6-5).
He appeared from round the corner.	- Он появился из-за угла.

Эта "гроздь" предлогов показывает, откуда начинается движение или производится действие (в русском приставки с-, из- перед предлогом).

<u>inside out</u>	- наизнанку
<u>upside down</u>	- вверх дном, вверх ногами.
They turned everything upside down.	- Они перевернули все вверх дном.
Why do you hold the book upside down?	- Почему вы держите книгу вверх ногами?
<u>What for</u>	- зачем; если вопрос - целая фраза, то **for** "перескакивает" в ее конец (ур. 10-3).
I want to go there. **- What for?** **What did you do that for?**	- Я хочу пойти туда. - Зачем? - Зачем вы это сделали?

from here	- отсюда	**He lives far from here.**	
from there	- оттуда	Он живет далеко отсюда.	
near here	- недалеко отсюда	**It's near here.**	
near there	- недалеко от того места	Это здесь недалеко.	
over here	- (вот) здесь	слова-добавки, популярные в живой речи.	
over there	- (вон) там		

Who is the boy sitting over there? — Кто этот парень, который сидит вон там?

thus [ðʌs] — итак; таким образом
therefore [ˈðɛəfɔː] — следовательно.

Оба этих слова употребляются в более формальной речи, например научной. Их обиходным эквивалентом является **so**.

until [əntil] = till- до; пока (не)
Эти два слова - взаимозаменяемые сино нимы; till более разговорное, "простое"; until - годится всюду.

until now (then)	- до сих (тех) пор
I have never heard of it until now.	- Я впервые об этом слышу.
Let's wait until the rain stops.	- Давайте подождем, пока не кончится дождь.
Do not leave until he comes.	- Не уходите, пока он не придет.
It rained until 4 o'clock.	- Дождь шел до 4 часов.
He works from morning till night.	- Он работает с утра до ночи.

unless [ʌnˈles] - если не. Его синонимом, причем более универсальным, является **if not**

Come tomorrow unless I phone.	Приходите завтра, если я не позвоню.
Come tomorrow if I don't phone.	
Let's go - unless you're tired (if you're not tired).	- Пойдемте, если вы не устали.

В данных примерах будущее время заменяется настоящим, т. к. это - условные предложения (см. 13-1).

whether [ˈweðə] - ли; вводит косвенный вопрос или придаточное предложение.
В разговорной речи иногда заменяется словом **if**.

He asked whether (if) he could help me.	- Он спросил, может ли он мне помочь.
Tell me whether (if) you'll go with me.	- Скажите, пойдете ли вы со мной.
I don't know whether to go with him (or not).	- Я не знаю, идти ли с ним.
Whether he comes or not, we have to go.	- Придет он или нет, нам надо ехать.
He is in doubt whether he should wait.	- Он сомневается, надо ли ему ждать.
I cannot judge whether he was right.	- Не могу судить, был ли он прав.

since [sins] - с (тех пор, как); указывает на начало действия, которое продолжается до настоящего момента; поэтому оно тяготеет к времени **Perfect**.

I have been here since yesterday.	- Я здесь со вчерашнего дня.
I've known her since 1956.	- Я знаю ее с 1956 г.
I've known her since we were children.	- Я знаю ее с тех пор, как мы были детьми.
She hasn't work since she left school.	- Она не работала с тех пор, как окончила школу.
We haven't seen him since then.	- Мы его не видели с того времени.

Протяженность периода времени обозначается словом **for** - в течение; чтобы сказать, когда произошло событие, используют

during ['dju:riŋ] - во время;

He has lived here for 2 years.	- Он жил здесь в течение двух лет.
During that period his mother died.	- В это время умерла его мать (во время этого периода).
My father was in hospital for 2 weeks during the war.	- Мой отец лежал в госпитале в течение 2 недель во время войны.
Every summer we go to the seaside for a week.	- Каждое лето мы ездим к морю на неделю.

(n) **while** ['wail] - небольшой промежуток времени, русского эквивалента нет.

for a while	- на некоторое время
for a little while	- "на немножко"
after a while	- через некоторое время
once in a while	- время от времени
We're going away for a while.	- Мы уезжаем на время.

 Это слово может быть и союзом:

while - в то время как; такое же значение есть у знакомого нам слова **as**; вместе с **when** (самое общее из них) показывают одновременность: по-русски это часто выражается деепричастием.

While (as)(when) I was running I noticed a policeman.	- Когда я бежал, я заметил полисмена.
He fell asleep while he was studying the grammar book.	- Изучая учебник грамматики, он заснул.
While in London he studied poetry.	- Будучи в Лондоне, он изучал поэзию.

As часто встречается в художественной литературе:

| I saw him as I was getting off the bus. | - Выходя из автобуса, я увидел его. |

Короткое действие происходит на фоне более долгого, развернутого - надеюсь, вы обратили внимание на время **Continuous**. Однако, если оба действия долго идут "параллельно", ситуация меняется:

He sang as he worked.	- Работая, он пел.
As I get older I get fatter.	- Становясь старше, я полнею.
as long as	- (до тех пор) пока
I'll stay with you as long as you live here.	- Я останусь с вами, пока вы живете здесь.
as soon as	- как только
I'll tell you as soon as I know.	- Я скажу вам, как только узнаю.

☞ **12-6. Русское слово "еще"**

Здесь у нас целый букет сложностей. Во-первых, слово "еще" многозначно.

1) "Ты еще здесь?" "Ты уже здесь?" Отметьте сразу, что слова "еще" и "уже" - это две стороны одной медали; они целиком субъективны - сравнивают временную характеристику события или действия с тем, что ожидалось.

А в английском эту роль выполняют 3 слова, и делают это иначе, чем русские слова.

still [stil] - все еще - действие (или ситуация) еще продолжается, хотя мы ожидаем, что оно скоро кончится.

He is still busy.	- Он еще занят.
Are you still here?	- Ты еще здесь?
He still lives here.	- Он все еще живет здесь.
It is still raining.	- Дождь все еще идет.
She still cannot read.	- Она все еще не умеет читать.

Если же, напротив, мы ожидаем начала действия, то употребляются два слова:

already - уже - (как правило, в утвердительных предложениях). Ожидаемое событие уже произошло. (По смыслу хорошо сочетается с временами **Perfect**.)

He is already here.	- Он уже здесь.
I have already done it.	- Я уже сделал это.
We've already seen that film.	- Мы уже видели этот фильм.

yet [jet] - еще не; уже. (Только в вопросах и отрицаниях!) Спрашиваем, началось ли ожидаемое действие, или сообщаем, что оно никак не начнется.

Can you read? Not yet.	- Ты умеешь читать? Еще нет.
Are you here yet?	- Ты уже здесь?
Is Pete back yet?	- Петя уже вернулся?
He is not here yet.	- Его еще нет.
Are you not ready yet?	- Вы еще не готовы?

Эти слова и располагаются в предложении по-разному. **Still, already** (как большинство наречий) - перед смысловым глаголом, но после глагола **to be**; **yet** - в конце фразы.

Подобные сложности лучше запомнить по образцам.

(A) Вы ждете начала действия (приезда гостей).

Has they arrived yet?	- Они уже приехали?
Ann is already here.	- Аня уже здесь.
Bob hasn't arrived yet.	- Боб еще не приехал.

Ⓜ (B) Вы ждете конца действия (пребывания гостей).

Are they still there?	- Они еще здесь?
Ann is still here.	- Аня еще здесь.
Bob has already gone home.	- Боб уже уехал домой.

2) **more** - большее, дополнительное количество чего-либо. Смысл понятен, но употребление непривычное.

I need more time.	- Мне нужно больше времени.
I need more paper.	- Мне нужно еще бумаги.
Would you like some more tea?	- Хотите еще чаю?
Yes, I'd like some more, please.	- Еще немного, пожалуйста.
Give me one more sigarette.	- Дайте мне еще одну сигарету.
May I have one more?	- Можно, я возьму еще одну?
Have you any more questions?	- У вас есть еще вопросы?
Sing <u>one more</u> song.	- Спойте <u>еще</u> одну песню.
Sing it <u>once more</u>.	- Спойте ее <u>еще</u> раз.
She asked for more.	- Она попросила <u>еще</u> (добавить чего-то).

Антонимом этого значения будет "больше не".

I don't want any more.	- Я больше не хочу.
No more coffee for me.	- Мне больше не надо кофе.

Близкий по смыслу разговорный оборот:

There are two apples left.	- Есть еще (осталось) 2 яблока.
I haven't got any money left.	- У меня больше нет денег.
There's nothing left in the cup.	- В чашке ничего нет (не осталось).

Если же речь идет не о предметах, а о процессах, то есть другой отрицательный оборот (очень изящный, мне кажется).

I still love you.	- Я все еще люблю тебя.
I don't love you any more.	
I no longer love you.	Я тебя больше не люблю
She no longer love you.	
She no longer lives here.	- Она здесь больше не живет.

3) **else** [els] - указывает на другой объект (кроме упомянутых), часто сочетается со словами **anybody, somewhere, etc.**

Let's go somewhere else.	- Давайте пойдем в другое место.
Would you like to drink anything else?	- Хотите выпить чего-нибудь еще (другого)?
Ask somebody else.	- Спроси кого-нибудь еще (другого).
Nobody else understands me.	- Никто другой меня не понимает.
What else do you want?	- Чего еще ты хочешь?
ⓜ Who else will go with me?	- Кто еще пойдет со мной?
Where else can I go?	- Куда еще я могу пойти?
or else	- а не то; в противном случае.
Let's get moving, or else we'll miss the train.	- Давайте пошевеливаться, а не то мы опоздаем на поезд.
Little else is known of him.	- Помимо этого о нем известно мало.
I don't know anything else about him.	- Я больше ничего не знаю о нем.

another (т. е. **one other**) - еще один (другой). Перед счетными существительными эквивалентно **one more**.

| Bring one more chair. | |
| Bring another chair. | Принесите еще один стул. |

"В виде исключения" оно может стоять перед числительным.

I've got another three days	У меня есть еще 3 дня (в
I've got three more days	дополнение к чему-либо).
Another two minutes and it'll be late.	- Еще две минуты, и будет поздно.

Another (в отличие от **other**) означает один из нескольких других.

| One pen is red, the other is black. | Перед вами 2 ручки. |
| One pen is red, another is black. | Их больше, чем две. |

We can do that another time.
Мы можем это сделать в другой раз.

(M) That's another matter. — Это - другое дело.
(Посл.) That's a horse of another colour. — Это совсем другой коленкор.
One way or another. — Так или иначе.
Another day, another plan. — Что ни день, то новый план.

4) **even** - усиление сравнения прилагательных.
You are even more beautiful than before. — Вы еще прекраснее, чем раньше.
Today you've come even later. — Сегодня вы пришли еще позже.

5) **as early as** - еще (так давно).
As early as in 10 century the bridge was destroyed. — Еще в X веке мост был разрушен.
Even as a child he knew that. — Еще будучи ребенком, он знал это.

УРОК 13

☞ **13-1. Сослагательное наклонение. Условные предложения**

Эта тема обычно вызывает много сложностей. Она действительно непростая, но важнее всего то, что в этом вопросе русский и английский языки "не стыкуются" - это и вызывает путаницу.

Итак, попробуем разобраться. Что имеется в русском языке?

I. Сослагательное наклонение (в старых учебниках его называли условно-желательным). Оно представляет действие как нереальное, предполагаемое или желательное:

Если бы я был птицей, я бы летал.

Если бы я знал это, я бы ушел.

Я бы выпил чаю

(желание высказывается мягко, неуверенно).

Грамматическая форма: частица "бы"; глагол ставится в прошедшее время независимо от времени действия.

II. Есть еще условные придаточные предложения, в которых отсутствует элемент сомнения, нереальности. Просто обсуждение возможных событий. При этом слово "если" не является обязательным - близкие по смыслу предложения могут вводиться другими словами.

Если он придет, я уйду.

Когда он придет, я уйду.

В русском языке у таких предложений грамматических особенностей нет.

В английском языке дело обстоит иначе.

I. The Subjunctive [səb'dʒʌŋktiv] - этот термин почему-то принято переводить как сослагательное наклонение. На самом деле - это особая конструкция; она может употребляться в возвышенной речи. Выражает надежды, пожелания.

Глаголы выражаются в ней только одной формой: инфинитивом без частицы **to**.

God be with you (Goodbye)! - Да будет с тобой Бог!
God forgive you! - Да простит тебя Бог!
Long live the King! - Да здравствует король!

В современной живой речи **Subjunctive** практически не встречается; мы приводим его, чтобы исключить исторически сложившуюся путаницу.

II. a) Conditional Sentences. - Условные предложения, описывающие нереальное или желаемое действие. Они соответствуют русскому сослагательному наклонению.
Грамматическая форма: в придаточном предложении (после **if**) глагол стоит в **Past Ind.** (II форма); в главном предложении используется вспомогательный глагол **would** (он-то и выражает условность или даже невозможность данного действия).

If I knew her name I would tell you. - Если бы я знал ее имя, я бы сказал тебе.
If I had a car life would be better. - Если бы у меня была машина, жизнь была бы лучше.
It would be nice if you helped me a little. - Было бы хорошо, если бы вы помогли мне немного.

b) У этой конструкции есть одна особенность. Глагол **to be** (единственный, имеющий 2 варианта II формы) принимает форму **were** для любого лица.

If I were rich I wouldn't work at all. - Если бы я был богатым, я бы совсем не работал.

Ⓜ **if I were you** (важная модель)
If I were you I would not go there. - Если бы я был на вашем месте, я бы не ходил туда.
If her nose were shorter she would be pretty. - Если бы у нее нос был покороче, она была бы симпатичной.

Ⓜ **If it were not for her money she would never get married.** — Если бы не ее деньги, она бы никогда не вышла замуж.
as if = as though — как будто, как если бы, словно.
She looks as if she were a princess. — У нее такой вид, как будто она принцесса.

c) В предыдущих примерах действие относилось к настоящему или будущему времени. Если же речь идет о прошлом (нереализованное действие), то вся конструкция переходит в группу времен **Perfect**. В русском языке эту деталь выражают дополнительными словами.

If I had known her name I would have told you. — Если бы я (до этого, раньше) знал ее имя, я бы сказал тебе.

Оборот тяжеловесный, и вам дается лишь для понимания; в активной речи он вам вряд ли понадобится.

d) Обратный порядок слов (инверсия) в придаточном предложении заменяет слово **if** (если есть сильный глагол). Это - элегантный литературный прием.

Were she my wife = if she were my wife — будь она моей женой.
Had I known it I would have left her alone. — Знай я это, я бы оставил ее одну.

e) Глагол **wish** часто выражает нереализованные желания. В этом случае за ним следует аналогичная конструкция.

I wish (that) I were you. — Хотел бы я быть на вашем месте.
I wish it knew... — хотел бы я знать...
I wish it were Sunday today. — Хорошо бы сегодня было воскресенье.

III. Другая группа придаточных предложений обладает заметной грамматической особенностью. Для удобства сформулируем правило так:

после некоторых союзов **(if, when, after, before, until)** НЕ употребляется будущее время в придаточном предложении.

**When he comes, I will go.
I will go when he comes.** | Когда он придет, я уйду.
I will go if (after, as soon as) he comes. — Я уйду, если (после того, как; как только) он придет.
Give the book to Betty if you see her. — Отдай книгу Бетти, если ты ее увидишь.
If it rains tomorrow, we will stay at home. — Если завтра будет дождь, мы останемся дома.

I'll stay here until you get back.	- Я останусь здесь, пока ты не вернешься.	
If you ask him, he will help you.	- Если ты его попросишь, он поможет тебе.	

Заметьте, здесь действие лишено оттенка сомнения, нереальности (соответственно, в русском нет частицы "бы"). Именно этот момент определяет, в каком времени (I или II форма) стоит глагол после **if**.

If I become a director, I will do the following.	- Если я стану директором, я сделаю следующее...	(говорит замдиректора)
If I became a director, I would do...	- Если бы я стал директором, я бы сделал...	(говорит, например, школьник)

Слова

Русскому слову "предлагать" соответствует несколько слов, и четкие различия между ними провести трудно.

(v, n) **offer** - предлагать - (самое широкое слово).
    To offer a big sum for a house. - Предлагать за дом большую сумму.
    He has been offered a job in Rome. - Ему предложили работу в Риме.
    To make an offer (of marriage). - Сделать предложение (брачное).
    I offered him my umbrella. - Я предложил ему зонтик.

(v) **propose [prə'pouz]** - предлагать (что-либо умозрительное)
    to propose a plan - предложить план.
    I propose to start early. - Я предлагаю начать рано.
    We propose him as a doctor. - Мы предлагаем его в качестве доктора.
    What do you propose? - Что вы предлагаете?

(v) **present [pri'zent]** - дарить; предлагать; представлять.
    That clock was presented to me. - Эти часы были мне подарены.
    The materials presented here. - Материалы, представленные здесь.
    to present a petition - представить петицию.
    This question presents great difficulties. - Этот вопрос представляет большие трудности.

(v)	**suggest [sə'dʒest]**	1) предлагать (это значение близко к **propose**)
	Can you suggest what should be done?	- Вы можете предложить, что надо сделать?
		2) наводить на мысль; внушать.
	His white face suggests bad health.	- Его бледность говорит о плохом здоровье.
	What does it suggest to you?	- О чем это вам говорит?
	An idea suggests itself to me.	- Мне пришла в голову одна мысль.
(v)	**suppose [sə'pouz]**	- полагать; предполагать.
	I suppose (that) he is right.	- Полагаю, что он прав.
	Will he come? I suppose so.	- Он придет? Думаю, да.
	Let's suppose (that) this is true.	- Предположим, что это правда.
(n)	**art [a:t]**	- искусство
	a work of art	- произведение искусства
	an art critic	- искусствовед
	an art school	- художественная школа
	the black art	- черная магия
	The work is done with great art.	- Работа сделана с большим искусством.
(a)	**artificial ['a:tifiʃl]**	- искусственный
(a)	**natural [n'ætʃrəl]**	- естественный
(v)	**paint [peint]**	- красить; писать красками; изображать
	to paint a portrait in oils	- писать портрет маслом
	to paint a door green	- выкрасить дверь в зеленый цвет
Ⓜ	**Wet paint!**	- Осторожно, окрашено!
(n)	**painting**	- живопись
(n)	**painter**	1) маляр; 2) живописец
(n)	**artist**	1) художник; 2) артист
	an artist's studio	- мастерская художника
(n)	**fiction [fikʃn]**	1) художественная литература; 2) вымысел
	facts and fiction	- факты и вымысел
(n)	**non-fiction**	- документальная литература
	What're you reading? - This is non-fiction, a biography of Kennedy.	

(n)	character [ˈkærəktə]	1) характер; 2) действующее лицо, персонаж
	Shakespire's characters	- герои Шекспира
(n)	novel [ˈnouvl]	- роман
(n)	(short) story	- рассказ
(n)	play	- пьеса
	playwright [ˈpleirait]	- драматург
(n)	poem [ˈpouim]	- стихотворение
(n)	cinema [ˈsinəmə]	- кино (но это слово слишком сухое).

Когда-то кино называли **moving pictures**. Этот термин "раздвоился".

(n)	picture	- картина.
Ⓜ	How do you like this picture?	- Как вам (нравится) эта картина?
(n)	movies [ˈmu:viz]	- кино.
Ⓜ	How often do you go to the movies?	- Как часто вы ходите в кино?
	Do you like the movies?	- Вы любите кино?
(n)	movie theatre	- кинотеатр
	movie star	- кинозвезда
	movie-goer	- тот, кто ходит (любитель) в кино.
(n)	film	1) фильм; 2) пленка.
	Have you seen that film?	- Вы видели этот фильм?
	symphony (chamber) music	симфоническая (камерная) музыка
	jazz	- джаз
	beat music	- бит-музыка.

Название ансамбля (**The Beatles**) является игрой слов. Звучит оно как слово (n) **beetle** [bi:tl] - жук, а пишется по аналогии с

(n)	beat [bi:t]	- удар; ритм
(n)	hit	- популярная песня, боевик.
(v)	roll [roul]	- катить(ся), вертеть(ся)
	The coin rolled under the table.	- Монета закатилась под стол.
	to roll a snowball	- скатать снежный ком
	to roll wool into a ball	- скатать шерсть в клубок
	roller-skates	- роликовые коньки
	rolling-chair	- кресло-каталка.
Ⓜ	Rolling-stone	- Перекати-поле (образное выражение).

Отсюда и название ансамбля.

(v) **rock [rɔk]** — качать(ся)
   to rock baby to sleep — укачать младенца
   rocking-chair — кресло-качалка.
   Отсюда и **rock'n'roll [rɔkən'roul]**.
   Русское слово "бить":
(v) **beat [bi:t] (beat, beaten)** — бить (отражает повторность или цикличность ударов).
   She was beating the carpet with a stick. — Она выбивала ковер палкой.
   He was beating a drum. — Он бил в барабан.
   The rain was beating against the windows. — Дождь стучал в окна.
   The heart is still beating. — Сердце еще бьется.
   Her heart beats with joy. — Ее сердце бьется от радости.
   The boy was badly beaten. — Мальчика сильно избили.
(v) **hit [hit] (hit, hit)** — ударить
   Andrew hit Pete on the head. — Андрей ударил Пита по голове.
   He hit his head when he fell. — Он ударился головой, когда упал.
   He was hit by a stone. — Его ударило камнем.
(n) **hit** — 1) удар;
       2) удачная попытка.
   He made a hit with his songs. — Его песни имели огромный успех.
(n) **blow [blou]** — удар (сильный)
   He killed six flies at one blow. — Он убил шесть мух одним ударом.
   Her death was a blow to him. — Ее смерть была ударом для него.
(n) **subject ['sʌbdʒikt]** — 1) предмет, обсуждение, изучение
       2) субъект
       3) подлежащее
   a subject of discussion — предмет обсуждения
   to change the subject — сменить тему разговора
(n) **object ['ɔbdʒikt]** — 1) объект, цель
       2) предмет (материальный)
       3) дополнение
   Tell me the names of these objects. — Назовите эти предметы.

☞ 13-2. The Infinitive   Инфинитив

Английский инфинитив имеет ряд особенностей по сравнению с русским.

I. Характерный английский оборот, с которым надо разобраться: "дополнение + инфинитив".

I asked <u>her to sing</u>.	- Я попросил ее спеть.
They helped <u>us to push</u> the car.	- Они помогли нам толкать машину.
She doesn't allow <u>me to smoke</u>.	- Она не разрешает мне курить.

Эти примеры переводятся легко, поскольку для нескольких глаголов эта конструкция возможна и в русском. В английском к этому списку добавляются еще десятка два глаголов (**want, wish, find, like, know, etc.**).

I know that they like music.	- Я знаю, что они любят музыку.

Здесь дополнением служит придаточное предложение. Перестраиваем фразу: связка **that** исчезает, местоимение переходит в винительный падеж, а глагол - в инфинитив.

I know them to like music.

При переводе этого оборота на русский надо ввести придаточное предложение (смысл при этом не меняется).

Ⓜ
I want you to go.	- Я хочу, чтобы вы ушли.
I want you to know.	- Я хочу, чтобы вы знали.
He want you to be his friend.	- Он хочет, чтобы вы были его другом.
We consider him to be very talented.	- Мы считаем, что он очень талантлив.
I expect you to be there.	- Я ожидаю, что вы будете там.

Глаголы ощущений (**see, hear, fell**), а также **make** и **let** требуют после себя инфинитив без частицы **to**.

I saw her leave the house.	- Я видел, как она покидала дом.
He made us work.	- Он заставил нас работать.
She let them go.	- Она позволила нам уйти.

После глаголов ощущения вместо инфинитива может стоять причастие. Инфинитив выражает законченное действие, а причастие, как и положено, продолжающееся.

I saw the bomb fall.	- Я видел, как упала бомба.
I watched the bomb falling.	- Я наблюдал, как падала бомба.

I heard her come in.	- Я слышал, как она вошла.
I heard her coming in.	- Я слышал, как она входила.

Инфинитив в этой конструкции может быть пассивным, соответственно изменяется русское придаточное предложение.

I want him to beat Jim.	- Я хочу, чтобы он побил Джима.
I want Jim to be beaten.	- Я хочу, чтобы Джим был побит.

Более сложным является случай, когда подлежащее переходит в пассив - конструкция "сложное подлежащее+инфинитив".

He is known to be good speaker.	- Известно, что он - хороший оратор.
He is believed to be a good speaker.	- Его считают хорошим оратором.
She is said to love Bill.	- Говорят, она любит Билла.
This horse is expected to win.	- Ожидают, что эта лошадь победит.
She was heard to leave the house.	- Слышали, как она уходила из дома.
He was seen to beat the boy.	- Видели, как он бил мальчика.
We were made to work.	- Нас заставили работать.

Глаголы **seem, appear, happen, prove** обладают аналогичным значением в активном залоге.

Ⓜ He seems to know her.	- Кажется, он ее знает.
He seems to be waiting for us.	- Кажется, он нас ждет.
Ⓜ He happened to see her there.	- Так случилось, что он ее там видел.
She appears to be a religious person.	- Создается впечатление, что она религиозна.
He proved to be a liar.	- Он оказался лжецом.

II. Инфинитив используется в английском языке для выражения цели (см. урок 6-4).

He went to London to learn English.	- Он поехал в Лондон, чтобы выучить английский.
He stopped for a minute to rest.	- Он остановился на минуту, чтобы отдохнуть.
He started drinking to forget her.	- Он начал пить, чтобы забыть ее.

После слов **the first, the last, the only** инфинитив заменяет придаточное предложение:

He is the first to come and the last to go away.	- Он приходит первым и уходит последним.

She is the only woman to understand me.	- Она единственная женщина, которая меня понимает.

Инфинитив (как активный, так и пассивный) ставят после существительных, чтобы показать, как они могут или должны быть использованы.

This book is easy to read.	- Эту книгу легко читать.
That car is hard to get.	- Эту машину трудно достать.
I have work to do.	- У меня есть работа, которую я должен сделать.
I have letters to write. There are letters to write. There are letters to be written.	Мне надо написать письма.
You have a hat to wear.	- У вас есть шляпа, которую можно носить.

Пассивный и активный инфинитив в этом обороте могут означать одно и то же; но это зависит от смысла, например, для глагола **to do** разница видна четко.

There's nothing to do.	- Нечего делать.
There's nothing to be done.	- Ничего не поделаешь.
He was nowhere to be found.	- Его нигде не могли найти.

Подобные конструкции часто употребляются со словами **too, enough**.

The coffee is too hot to drink.	- Кофе слишком горяч, чтобы его пить.
You are too young to understand.	- Вы слишком молоды, чтобы понять.
It was too late to do anything.	- Было слишком поздно, чтобы что-нибудь делать.
He was intelligent enough to turn off the gas.	- У него хватило ума выключить газ.
She is big enough to see if the plan will work.	- Она уже достаточно большая, чтобы понять, сработает ли этот план.

III. Чтобы не повторяться, когда действие уже названо, инфинитив может быть представлен одной частицей **to**. Это особенно характерно для глаголов **want, like**. В русском языке такое просто невозможно.

I went there because I wanted to (go).	- Я пошел туда, потому что хотел этого.
Perhaps I'll go there. - I'd very much like to.	- Возможно, я пойду туда - мне бы очень хотелось.
Have you fed the dog? No, but I'm going to.	- Вы накормили собаку? Нет, но я собираюсь.
Did you get a ticket? I tried to, but there weren't any left.	- Вы достали билет? Я пытался, но их уже не осталось.

Инфинитив в живой речи сохраняет при себе предлог, с которым связан глагол:

Mary needs a friend to play with.	- Мэри нужен друг, с которым можно играть.
I'm looking for a house to live in.	- Я ищу дом, чтобы жить.
She's looking for something to clean the carpet with.	- Она ищет что-нибудь, чем чистить ковер.

Русское слово "место" (очень многозначно).

(n) **place** [pleɪs] — место;
   Everything should be in its place. - Все вещи должны быть на своих местах.
   There is no place for you here. - Здесь для вас нет места.
   You put the book in the wrong place. - Вы поставили книгу не на то место.
   to find a parking place. - Найти место для парковки.
   He came from a small place in Texas. - Он приехал из небольшого городка в Техасе.
   to take place - иметь место, происходить.

(v) **place** — помещать

(n) **position** [pə'zɪʃn]
   1) место (работы);
   2) положение.
   to get a good position - получить хорошее место.
   She wants to get a place (position) in this firm. - Она хочет получить место этой фирме.
   He was placed in a foolish position. - Он был поставлен в глупое положение.

(n) **scene** ['si:n]	1) место (действия, события); 2) сцена.
The scene changes from London to Paris.	- Место действия переносится из Лондона в Париж.
the scene of a great battle	- место великой битвы.
(n) **seat** [si:t]	- место (для сидения)
a car with 4 seats	- четырехместная машина
driver's seat	- место водителя
a seat at the theatre (in the train)	- место в театре (поезде)
a seat in Parliament	- место в парламенте
the back seat of a car	- заднее сиденье машины
to take a seat	- садиться.
Won't you take a seat?	- Не хотите ли присесть?
(n) **space** [speis]	1) пространство (в т. ч. космическое)
There is enough space here for three beds.	- Здесь хватит места для трех кроватей.
the space between the lines	- расстояние, интервал между строками
Leave a space for several words.	- Оставьте место для нескольких слов.
Clear a space for the speaker.	- Освободите место для выступающего.
Have you enough space to be seated?	- Вам достаточно места, чтобы усесться?
Outer space - space	- космос
space-ship	- космический корабль.
(n) **room**	2) место (синоним 1) значения **space**)
There is no room on that table for your books.	- На этом столе нет места для ваших книг.
This car is roomier than that one.	- Эта машина вместительнее, чем та.
There's no room for doubt.	- Для сомнений нет места.
Room for the King!	- Дорогу королю!
piece	2) отдельный элемент из серии
piece of luggage	- место багажа
a piece of work	- работа, произведение
a piece of music	- музыкальное произведение (ср.: пьеса)
a piece of information	- некий объем информации, материал

(v) **locate** [lə'keit] — разместить, расположить.
His house is located near the river. — Его дом расположен у реки.

(n) **location** — место (расположения).
It's a good location for a new house. — Это хорошее место для нового дома.
Don't move! Stay where you are! — Ни с места!

(a) **common** ['kɔmən] — общий; обычный; простой.
The Common Market — Общий рынок.
We have common interests. — У нас общие интересы.
It is common knowledge that... — Общеизвестно, что...
common sense — здравый смысл
common people — простые люди.
The House of Commons — Палата общин

(v) **complete** [kəm'pli:t] — заканчивать
The work is not completed yet. — Работа еще не закончена.

(a) **complete** — законченный, полный
a complete set of Dickens. — Полное собрание сочинений Диккенса.
It was a complete surprise to me. — Это было для меня полной неожиданностью.
He is completely happy. — Он полностью счастлив.

(a) **fair** [fɛə] — 1) справедливый;
2) белокурый;
3) хороший (о погоде)
fair play — честная игра
fair hair — светлые волосы
fair weather (sky) — хорошая погода (ясное небо)

(adv) **fairly** — до некоторой степени (см. 13-3)

(a) **still** — 2) неподвижный, тихий
still waters of the lake — неподвижная гладь озера
Sit still! — Сидите тихо!
Keep still while I take your photograph. — Не двигайтесь, пока я вас фотографирую.

(n) **still-life** — натюрморт;

(Посл.) **Still waters run deep.** — В тихом омуте черти водятся.

(v) **hang [hæŋ] (hung, hung)** — 1) вешать; висеть.
Hang your coat here. — Повесьте ваше пальто здесь.
pictures hanging on the wall — Картины, висящие на стене.
2) вешать (людей), казнить.
В этом значении глагол "от страха" стал правильным.
He was hanged for murder. — Он был повешен за убийство.
Beef is hung, sir, men are hanged. — Говядину подвешивают, сэр, а людей вешают.

☞ 13-3. Служебные слова

Within [wi'ðin] - в пределах **beyond [bi'jɔnd]** - вне пределов	Это - синонимы пары inside, outside на более формальном уровне

within (beyond) his professional competence. — В пределах (за пределами) его профессиональной компетенции.
within (beyond) reach — в пределах (за пределами) досягаемости
within an hour — в пределах часа.
That was beyond our hopes. — Это превзошло наши ожидания.
That's going beyond the joke. — Это выходит за границы шутки.
That's beyond my understanding. — Это выше моего понимания.
special ['speʃəl] — специальный; особый
specially — специально
You need a special card to go there. — Нужна специальная карточка, чтобы пройти туда.
Look after him with special care. — Присматривайте за ним с особым вниманием.
in a very special sense — в совершенно особом смысле.
specially for you — специально для вас.
These shoes were specially made for me. — Эти туфли были сделаны специально для меня
especial [is'peʃəl] — особенный
especially — особенно
He gets up late especially on Sundays. — Он встает поздно, особенно по воскресеньям.
Over перед числительными переводится "свыше".
You have to be over 18 to see this film. — Чтобы смотреть этот фильм, вы должны быть старше 18 лет.

This mountain is over 2000 meters above sea-level.	- Высота этой горы свыше 2000 м над уровнем моря.
(n) accord [əˈkɔːd]	- согласие
according to	- согласно, в соответствии с
According to the timetable, the train gets in at 8.27.	- Согласно расписанию, поезд приходит в 8.27.
According to Mary, her son is a genius.	- По словам Мэри, ее сын - гений.
as to = as for	- что касается (более разговорные обороты).
As for me, I want to see him.	- Что касается меня, я хочу его видеть.
(v) regard [riˈgaːd]	- рассматривать, считать, иметь отношение.
He is regarded as a hero.	- Его считают героем.
regarding	- относительно, касательно.
Regarding you I can say...	- относительно вас могу сказать...
(n) opinion [əˈpinjən]	- мнение
(n) view [vju]	- взгляд.
In my opinion, the price is too high.	- По-моему, цена слишком высока.
in my view	- на мой взгляд.

Наречие **far** имеет два варианта степеней сравнения (по-русски тоже - дальше и далее).

farther [ˈfaːðə]	- дальше (по расстоянию)
further [ˈfəːðə]	- далее (в переносном смысле).
They went farther into the forest.	- Они пошли дальше в лес.
Read further.	- Читайте дальше.
We must get further information.	- Нам необходимы дополнительные сведения.

Несколько оборотов с этим словом:

as far as	- насколько.
He is OK as far as I know.	- У него все в порядке, насколько я знаю.
so far	- пока, до сих пор.
So far the work has been easy.	- Пока что работа была легкой.

⑨ You've gone <u>too far</u>. — Вы зашли слишком далеко.
Your words are far from truth. — Ваши слова далеки от правды.

В прямом же значении **far** употребляется обычно в вопросительных и отрицательных предложениях, а для утвердительных имеет заменитель:

How far do you live? — Как далеко вы живете?
I live <u>a long way</u> from here. — Я живу далеко отсюда.
We went a long way. — Мы ушли далеко.

Слово **either** помимо рассмотренного значения (ур. 8-6) имеет еще два.

either - 2) тоже. Мы знаем 3 других слова с таким значением, но они обычно не используются в отрицательных предложениях, вместо них ставится **either**.

He is there, too. — **He isn't there, either.**
I like her as well. — **I don't like her, either.**
I also like coffee. — **I don't like coffee, either.**

either - 3) один или другой; любой (из двух).

Come on Sunday or Monday. Either day is OK. — Приезжайте в воскресенье или понедельник. Любой (и тот и другой) день подходит.
Take either half, they are the same. — Возьмите любую половину, они одинаковы.

Не забывайте и первое значение **either**.
He is either drunk or mad. — Он или пьяный, или сумасшедший.

but - 2) кроме (близко к слову **except**)

all but one — все, кроме одного
last but one — предпоследний
I couldn't do anything but just hope. — Мне ничего не оставалось, кроме как просто надеяться.

rather - 2) охотнее, предпочтительнее; скорее. Часто употребляется с **would** (с оттенком желательности).

I would rather go = I'd rather go — мне бы лучше уйти.
What about a drink? - **I'd rather have something to eat.** — Как насчет выпивки? Я бы скорее чего-нибудь поел.
He would rather die than go. — Он бы скорее умер, чем ушел.

Would you rather take tea or coffee?	- Что вы предпочитаете, чай или кофе?
I'd rather you came tomorrow.	- Меня бы больше устроило, если бы вы пришли завтра.
Will you join us? -	- Вы присоединитесь к нам?
Thank you, I'd rather not.	- Спасибо, пожалуй, нет.

Вспоминая 1-е значение **rather**, отметим, что и в английском существуют 4 значения, описывающих степень выраженности некоего качества. Расположим их по мере "усиления":

The house is (fairly, quite, rather, pretty) big.	- Дом довольно большой.
owing to [ˈouːiŋ] .	- вследствие, благодаря.
Owing to the rain I could not come.	- Я не смог прийти из-за дождя.
Owing to you I've found this book.	- Благодаря вам я нашёл эту книгу.

Более разговорный синоним этого слова (хотя и не полный) **because of**; а более официальный:

due to [ˈdjuːtuː]	- вследствие, в результате.
His death was due to pneumonia. [niuˈmɔniə]	- Его смерть была вызвана воспалением лёгких.
This happened due to the fact that ...	- Это произошло вследствие того, что ...

Модальные глаголы нередко сочетаются с перфектным инфинитивом. Такая конструкция трудновата для нас - надо с ней поработать.

Хотя модальный глагол стоит в настоящем времени, время **Perfect** отсылает нас к прошлому.

She's two hours late - what <u>**can have happened?**</u>	- Она опаздывает на два часа - что могло случиться?
You <u>needn't have brought</u> wine - we've got plenty.	- Вам не надо было приносить вино - у нас его много.
The kitten is weak. You <u>should have given</u> it more food.	- Котёнок слабенький. Надо было давать ему больше пищи.
We <u>ought to have done</u> it earlier.	- Надо было сделать это раньше.

Три глагола (**could, might, should**) подобно **would** указывают на нереализованную возможность - в переводе используем сослагательное наклонение.

You <u>could have told</u> me about it.	- Вы могли бы мне сказать об этом.

	The boy was on the roof - he <u>might have</u> killed himself.	- Мальчик был на крыше - он мог бы убиться.
	The potatoes <u>would have been</u> better with a bit more salt.	- Картошка была бы лучше, если бы было чуть больше соли.
	(Посл.) Nothing so bad but <u>might have been</u> worse.	- Не бывает так плохо, что не могло бы быть хуже.
(n)	idea [ai'diə]	- мысль, представление. Это слово значительно шире, чем русское "идея".
Ⓜ	That's a good idea!	- Это - хорошая мысль.
	This book gives you a good idea of life in Greece.	- Эта книга дает хорошее представление о жизни в Греции.
Ⓜ	I have no idea of it.	- Не имею никакого представления об этом.
Ⓜ	Have you any idea how to do it?	- Вы представляете, как это сделать?
Ⓜ	the fact that	- то, что; тот факт, что
	The fact that he loves her is important.	- То, что он ее любит, очень важно.
	He points to the fact that it is expensive.	Он указывает на то, что это - дорого.

Эта модель очень важна еще и потому, что союз **that**, соединяющий два предложения, не может стоять сразу после предлога.

А вопросительные слова могут это делать!

	This is an example <u>of</u> <u>how</u> he thinks.	- Это пример того, как он мыслит.
	They went <u>to where</u> she lived.	- Они пошли туда, где она жила.
	Tell me <u>about what</u> he has known.	- Расскажи мне о том, что он узнал.
	I think <u>of what</u> she has said.	- Я думаю о том, что она сказала.
Ⓜ	Look <u>at what</u> you have done.	- Посмотри, что ты наделал.

Вот несколько хороших моделей:

Ⓜ	can't help	- не могу предотвратить что-либо
	can't help	- не могу удержаться
	She has gone. I couldn't help it.	- Она ушла - я ничего не мог поделать.
	It cannot be helped.	- Ничего не поделаешь.
	He can't help laughing.	- Он не может удержаться от смеха.

	Excuse me, I couldn't help reading your letter.	- Я не мог не прочитать письмо (напр., оно лежало передо мной).
	I can't help thinking he is still here.	- Не могу отделаться от мысли, что он еще здесь.
(M)	All I want is...	- все, что мне нужно, это...
	All she wants is a friend.	- Ей нужен только друг.
	All you need is love.	- Тебе нужна только любовь.
(M)	What I need is rest.	- Что мне нужно, так это отдых.
	What I like is music.	- Что я люблю, так это музыку.
	What I can't understand is...	- Чего я не могу понять, так это...
(M)	to feel like	- быть склонным что-либо сделать.
	I don't feel like eating.	- Мне не хочется есть.
	Let's go if you feel like it.	- Давайте пойдем, если вы не против.
	She feels like being alone.	- Ей хочется побыть одной.
(M)	to look forward to	- ожидать с радостью
	I'm looking forward to see you again.	- С радостью буду ждать следующей встречи с вами.
(v)	obtain [əb'tain]	- получать.

Это менее разговорный синоним 1-го значения **get**.

	He obtained what he wanted.	- Он получил, что хотел.
	to obtain information	- получать сведения.
	The results obtained appear to be interesting.	- Полученные результаты представляются интересными.
(v)	accept [ək'sept]	- 1) принимать 2) признавать.
	to accept a present (an invitation, an offer)	- принимать подарок (приглашение, предложение)
	He accepted my views.	- Он принял (признал) мои взгляды.
	It is an accepted fact that...	- Является общепризнанным фактом то, что...
(v)	refuse [ri'fjuz]	- отказать(ся)
	to refuse a present (an invitation, an offer).	- отказаться от подарка (приглашения, предложения).
	He refused to help her.	Он отказался ей помочь.

(v)	**admit [ədˈmit]**	- 1) допускать; 2) признавать
	He opened the door and admitted me into the house.	- Он открыл дверь и впустил меня в дом.
Ⓜ	Children are not admitted!	- Детям вход воспрещен!
	The hall admits only 300 persons.	- Зал вмещает только 300 чел.

2-е значение близко ко 2-му значению **accept**.

	I admit that he is right.	- Я признаю, что он прав.
(n)	**manner [ˈmænə]**	- 1) образ действия=**way** 2) манера.
	Do it in this manner.	- Делай это таким образом.
	I can't help his bad manners.	- Ничего не могу поделать с его невоспитанностью.
	He has no manners at all.	- Он совсем не воспитан.
	(Посл.) Manners make the man.	- Стиль делает человека.
	adverbs of manner	- наречия образа действия.

☞ **13-4. Приставки и суффиксы**

re- [ri] - показывает, что действие выполняется еще раз, заново (русск. пере-, снова)

reorganize	- реорганизовывать
re-read	- перечитать
rewrite	- переписать
repay	- уплатить заново (но не переплатить).
Let's refill our glasses.	- Наполним вновь стаканы.

co- [kou] - совместность действия

coworker	- сослуживец
cooperation	- кооперация
peaceful coexistance	- мирное сосуществование

pro- [prou] - выступающий в поддержку (антоним - **anti**)

pro-American	- проамерикански

pre- [pri] - происшедший до (антоним - **post [poust]**)

pre-war	- довоенный
post-war	- послевоенный
prepay	- платить вперед, заранее
preschool age	- дошкольный возраст

over - 1) находящийся над чем-то;
2) превышение, чрезмерность действия.

(a)	overground	- надземный
(n)	overman	- бригадир
(a)	over-active	- слишком активный
(v)	overeat	- переедать
(v)	overdrink	- перепить(ся)

(v) **overfill**	- переполнять	
(v) **overfeed**	- перекормить	
(v) **overestimate**	- переоценивать	

under - 1) находящийся под чем-то
2) недостаточность действия.

(a,n) **underground**	- подземный; подземка (метро)
(n) **underclothes**	- нижнее белье
(v) **underfeed**	- недокормить
(v) **underestimate**	- недооценивать

super ['sjupə] - превышение нормы (сверх)
(a) **supernatural** - сверхъестественный
(a) **superhuman** - сверхчеловеческий

sub- [sʌb] - аналогичен суффиксу **under**
(n) **subway** - тоннель, метро

a- [ə] - это старая английская приставка, отражает состояние, процесс

ahead	- впереди	**aloud**	- громко, вслух
apart	- порозонь	**alike**	- подобно.

Суффиксы

-ity; (a) **-ity** (n) - показывает наличие качества.

Аналогичен суффиксу **-ness**; присоединяется чаще к прилагательным с суффиксами **-ab, able**.

real	reality	- реальность
equal	equality	- равенство
possible	possibility	- возможность.

Три суффикса, обобщающих значение существительных. Они встречаются редко, но зато в важных словах.

-ship	**friendship**	- дружба
	citizenship	- гражданство
-dom	**freedom**	- свобода
	kingdom	- королевство
-hood	**brotherhood**	- братство
	childhood	- детство.

Два суффикса присоединяются к глаголам, образуя существительные. Выражают обычно результат действия.

-ment	**movement**	- движение
	judgement	- суждение
	measurement	- измерение.

-ion (tion, sion) [ʃn], [ʒn]
expression [iks'preʃn]	- выражение
impression [im'preʃn]	- впечатление
decision [di'siʒn]	- решение
expectation [ikspik'teiʃn]	- ожидание.

Если два суффикса синонимичны, возникает проблема, какой из них употребить с нужным вам словом (то же относится и к приставкам). В этом вопросе логика помогает далеко не всегда. Приглядывайтесь к таким словам, когда вы их встречаете.

Однако и в тех случаях, когда "идея суффикса" ясна, в нее, бывает, укладывается несколько возможных слов. Тогда язык делает выбор - подчас довольно неожиданный.

Вспомним суффикс -er:
opener	- открывалка
eye-opener	- это мог бы быть инструмент глазного врача, а на самом деле - необычное впечатление, новость; то, что удивляет
hanger	- могло бы означать палача, а это всего лишь вешалка (палач - hangman).

И еще. Вспомните, как дети, овладевая родным языком, изобретают вроде бы смешные слова (напр., толстота). Видно, что сначала они открывают неосознанно логику суффикса (это дает резкий рост запаса слов), а уже потом уточняют форму отдельных слов. Думаю, что это - неплохая подсказка для нас.

-man - обозначает профессию.
postman	- почтальон	fireman	- пожарный
doorman	- швейцар	policeman	- полицейский
newsman	- журналист	cameraman	- оператор
sportsman	- спортсмен		

Вот суффикс, у которого есть 2-е значение:
-ful; (n) -ful (n) обозначает содержимое объекта. В русском такого суффикса нет.

spoonful	- количество, которое вмещается в ложку.
Take a teaspoonful of coffee.	- Возьмите чайную ложку кофе.
handful	- горсть, пригоршня
armful	- охапка
I have only a mouthful of food.	- У меня только горстка еды.

-ic; -ical; (n) -ic; -ical (abj); эти суффиксы очень близки. Иногда оба варианта равнозначны.
  (a) **fanatic — fanatical**   - фанатичный.
  Современный язык чаще предпочитает более короткий вариант:
    fantastic;   heroic;   poetic;   public;   tragic;   atomic; automatic
       но: **medical; chemical; grammatical; biological.**
  Несколько слов имеют обе формы с разницей в значении, например:
  (a) **economic [ikə'nɔmic]**   - относящийся к экономике
       economic theory (geogra-   - экономическая теория (ге-
       phy)   ография)
  (a) **economical [ikə'nɔmikəl]**   - сберегающий деньги
       an economical car   - экономичная машина
       an economical woman   - экономная женщина.

  Исходное существительное может также кончаться на **-ic**:
  (n) **music** - (a) **musical;**   (n) **critic** - (a) **critical.**
  Все эти прилагательные образуют наречия на **-ically**:
       heroically   - героически
       automatically   - автоматически

  -y (n) -y- (adj); описывает качество, характерное для данного существительного.
       noisy   - шумный   **salty**   - соленый
       sunny   - солнечный   **cloudy**   - облачный

  -ed; 2-е значение - не путать с суффиксом, образующим II и III формы глаголов.
  (n) -ed (adj); описывает человеческие качества
       talented ['teiləntid]   - талантливый
       gifted ['giftid]   - одаренный
       long-legged   - длинноногий
       blue-eyed   - синеглазый
       long-haired   - длинноволосый
  -like;(n) -like (adj); подобный
       wave-like motion   - волнообразное движение
       woman-like face   - женоподобное лицо.
  -ly; это стандартный суффикс для образования наречий из прилагательных.
  Но есть и прилагательные, кончающиеся на **-ly**. Таких слов немного, но это распространенные слова, и они не должны вас смущать.
  (a) **lonely**   - одинокий.   **He is a lonely man.**

(a) **deadly** - смертельный; **a deadly blow**
(a) **friendly** - дружеский; **a friendly smile.**
Если же нужно наречие, приходится "изворачиваться".

| He spoke to me in a friendly way. | - Он говорил со мной по-дружески. |

(a) **lovely** — красивый, восхитительный
a lovely girl — красивая, прелестная девушка
a lovely melody — чудесная мелодия
a lovely view — восхитительный вид.
Her singing is lovely. = **She sings beautifully.** — Она прекрасно поет (здесь наречие от другого слова).

(a) **likely** — вероятный
It is quite likely — весьма вероятно.
Who is the most likely (the likeliest) candidate? — Кто самый вероятный кандидат?

Наречием служит оборот:
most likely = very likely — вероятно.
He will most likely be there. — Он, скорее всего, будет там.

(a) **unlikely** — маловероятный.

Не забывайте, что ряд важных слов может служить и прилагательным и наречием, не меняя формы (см. 7-5).

-ward(s) образует прилагательные и наречия, указывающие направление:

toward [tə'wɔ:d, (Amer.- 'tɔ:rd] — по направлению к
forward — вперед
backward(s) — назад.
Can you walk backwards? — Можете вы ходить задом наперед?
eastward, westward, etc. — направленный на восток и т. д.
We were travelling eastwards. — Мы ехали на восток.
homeward — по направлению к дому.

Слово **law** нашло себе еще одно необычное применение. Оно сформировало некое подобие суффикса для обозначения родства через брак.

mother-in-law — теща, свекровь
father-in-law — тесть, свекор
son-in-law — зять
brother-in-law — брат жены, мужа.

Слова

Три похожих английских глагола **raise, rise, arise**. Последние два - неправильные.

- (v) **raise [reiz]** — поднимать.
  - He raised his hand. — Он поднял руку.
  - to raise a cloud of dust — поднять облако пыли.
  - to raise a question — поднимать вопрос
  - to raise the standard of living — поднимать уровень жизни
- (v) **rise [raiz] (rose, risen [rizn])** — подниматься, вставать.
  - The sun rises in the east. — Солнце поднимается на востоке.
  - He fell and was too weak to rise. — Он упал и был слишком слаб, чтобы подняться.
  - The smoke rose up in the still air. — Дым поднимался кверху в неподвижном воздухе.
  - Prices continue to rise. — Цены продолжают расти.
  - New building are rising in our town. — Новые здания поднимаются в нашем городе.
  - He rose to welcome me. — Он встал, чтобы приветствовать меня.
- (v) **arise [ə'raiz] (arose, arisen)** — возникнуть.
  - Some difficulties have arisen. — Возникли некоторые трудности.
  - A discussion arose about... — Возникла дискуссия насчет...

Мы подошли к понятию увеличения, роста.

- (n) **rise** — повышение
  - a rise in temperature — повышение температуры
  - a rise in prices — повышение цен
- (n) **growth [grouθ]** — рост
  - The rapid growth of Japanese economy. — Быстрый рост японской экономики.
  - population growth — рост народонаселения
- (n) **fall** — падение
  - a fall in temperature — падение температуры
  - The rise and fall of his career. — Взлет и падение его карьеры.
- (v) **increase [in'kri:s]** — увеличивать(ся)
  - to increase in number — увеличиваться (возрасти) численно
  - to increase in size (value) — Увеличиться в размере (в цене)
  - Our difficulties are increasing. — Наши трудности растут.
  - The driver increased speed. — Водитель увеличил скорость.

(v)	decrease [di'kri:s]	- уменьшать(ся)
	the temperature decreased by 5°.	- Температура упала на 5°.
	Her fears are slowly decreasing.	- Ее страхи постепенно исчезают.
(n)	increase [in'kri:s]	- увеличение, рост ⎫ меняется
(n)	decrease ['dikri:s]	- уменьшение ⎭ ударение
	an increase (a decrease) in imports (exports)	- увеличение (уменьшение) импорта (экспорта).
	an increase (a decrease) by 10 per cent	- рост (уменьшение) на 10 процентов.

Два близких слова означают "главный".

(a)	main [mein]; chief [tʃi:f]	
	the main street of a town	- главная улица города
	the main (chief) thing to remember	- главное, что надо запомнить.

Существительным может быть только **chief**:

(n)	chief	- шеф, начальник
(n)	head	- глава
(n)	boss [bɔs]	- самое широкое слово из всех.
Ⓜ	I'll show you who is boss here.	- Я покажу тебе, кто здесь главный.
(adv)	chiefly = mainly = for the most part	- главным образом
	And, above all, remember...	- И, самое главное, помните...

☞ **13-5. Некоторые особенности английской лексики**

Не только грамматика, но и лексика английского языка будут порой ставить перед вами трудные задачи. В каждом языке свои приемы, условности.

Рассмотрим распространенные несоответствия лексики английского и русского языков.

1) "Ложные друзья переводчика" - так называют слова, сходные в обоих языках по форме, но отличающиеся по значению.

(n)	list [list]	- список
	price-list	- прейскурант
	to make a list	- составлять список.
	Put my name on the list.	- Включите меня в список.
(n)	leaf [li:f]	- лист (на дереве, в книге)
(v)	press [pres]	- сжимать, нажимать
(n)	press	- сжатие, нажим; пресса.
	He pressed my hand.	- Он сжал мою руку.
	Don't press me.	- Не нажимайте на меня.

(v)	pretend [pri'tend]		- притворяться.
	She pretended to be asleep.		- Она притворилась, что спит.
(v)	record [ri'kɔ:d]		- регистрировать, записывать (на пленку и т.д.)
(n)	record ['rekɔ:d]		- запись; протокол; рекорд; пластинка
	the record of a patient		- история болезни.
	He has a police record.		- У него есть привод в полицию.
	What the Prime Minister said then was off the record.		- То, что сказал тогда премьер-министр, не предназначалось для печати.
	Music is recorded on the records.		- Музыка записывается на пластинки.
	musical recordings		- музыкальные записи
	record-player		- проигрыватель
(v,n)	report [ri'pɔ:t]		- сообщать; сообщение
	newspaper (radio) reports		- газетное (радио) сообщение
	weather report		- сводка погоды
(v)	realize ['riəlaiz]		- (ясно) представлять, уяснять.
	Suddenly he realized that he was alone.		- Неожиданно он (со всей ясностью) понял, что остался один.
(v)	reflect [ri'flekt]		- 1) отражать; 2) размышлять (отсюда рефлексия).
	The sunlight reflected from the glass.		- Солнечный свет отражался от стекла.
	He reflected on how to answer the question.		- Он размышлял, как ответить на этот вопрос.

2) Важнейшей особенностью английской лексики является конверсия (см. ур. 3-1) - переход слова из одной части речи в другую без изменения формы. Иногда при этом возникают небольшие изменения в произношении - чаще всего перенос ударения или чередование звуков [s,z].

(v)	im'port	(n)	'import	- импортировать	- импорт
(v)	pro'test	(n)	'protest	- протестовать	- протест
(v)	re'cord	(n)	'record	- записывать	- запись; пластинка
(v)	per'mit	(n)	'permit	- разрешать	- разрешение, пропуск
(v)	con'tact	(n)	'contact	- контактировать	- контакт, связь
(v)	pre'sent	(n)	'present	- дарить	- подарок
(v)	ob'ject	(n)	'object	- возражать	- объект; цель
(v)	es'cort	(n)	'escort	- сопровождать	- сопровождение
(n)	advice [əd'vais]			- совет	
(v)	advise [əd'vaiz]			- советовать	
(n)	practice ['præktis]			- практика	
(v)	practise ['præktiz]			- практиковаться	

(n) **use [ju:s]**	(v) **use [u:z]**	- польза	- использовать
(n) **excuse [iks'kju:s]**	(v) **excuse [iks'kju:z]**	- прощение	- прощать
(a) **close ['klous]**	(v) **close [klouz]**	- близкий	- закрывать

3) Еще одно необычное для нас явление - компрессия. Несколько слов могут образовать словосочетание (обычно оно служит сложным определением). Такие сочетания - компрессивы - могут стать привычными, закрепиться в языке; но и могут быть образованы для "одноразового пользования". Этот прием придает речи живость за счет образования необычных определений.

a heart-to-heart talk	- разговор по душам
an air-to-air missile	- ракета класса воздух-воздух
a person-to-person call	- телефонный разговор с вызовом нужного абонента
a step-by-step decision	- решение, принятое шаг за шагом
a stay-at-home girl	- девушка-домоседка
a never-do-well man	- растяпа
an off-the-record speach	- неофициальное заявление
a pay-as-you-go bar	- бар, в котором платят при входе
a do-it-yourself book	- книга типа "сделай сам".
He sat with an I-don't-care look.	- Он сидел с таким видом, словно его ничего не волновало.
She looked at him in the "what-a-brave-hero-you-are" manner.	- Она посмотрела на него, как бы говоря: "Ну и храбрец же вы".

4) Чем больше вы узнаете английских слов, тем важнее становится новая проблема - их многозначность. Очень многие слова имеют по несколько значений.

Эти значения могут быть не связаны между собой, в таком случае их надо учить как два разных слова (омонимы, ср. русские: лук, коса). Полных омонимов немного, значительно чаще встречаются слова, совпадающие по звучанию (омофоны):

son - сын   **sun** - солнце.

Если же существует связь между разными значениями слова, то очень важно выделять стержневое значение и запоминать именно его. Например:
(n) **ball**   -предмет шарообразной формы.

Такое центральное значение может быть неожиданным для русскоязычного человека.

(a)	**empty ['empti]** **an empty box (house)**	- пустой (объем)
(n)	**blank [blænk]**	- незаполненное место на плоскости (отсюда русское - бланк).

	blank page	- пустая (чистая) страница
	blank cassette	- пустая кассета
(n)	case [keis]	- 1) то, чем закрывают предмет
	packing-case	- ящик для упаковки
	a watch-case	- футляр для часов
	a pillow-case	- наволочка
	a dressing-case	- косметичка (сумочка)
	book-case	- книжный шкаф
	suit-case	- чемодан
	attache case	- чемоданчик "дипломат"
	cigarette case	- портсигар.

Слова

(v)	win [win] (won, won [wʌn])	- выиграть; победить
	We've won!	- Мы победили!
	He won $5 from me at cards.	- Он выиграл у меня в карты 5 долларов.
	to win a game (a war)	- выиграть игру (войну)
	to win four goals to nil	- выиграть со счетом 4:0
	to win a prize	- завоевать приз (премию)
	Nobel-prize winner	- лауреат Нобелевской премии
	She won a good reputation.	- Она завоевала хорошую репутацию.
	She won his heart.	- Она завоевала его сердце.
	The winner takes all.	- Победивший получает все.
(v)	gain [gein]	- получать (пользу, выгоду)
	to gain strength (health)	- набираться сил (здоровья).
	What will you gain by that?	- Какая вам от этого польза?
	You will gain by reading this book.	- Вам полезно прочитать эту книгу.
	to gain time	- выиграть время.
	I'm sure you'll gain.	- Я уверен, что вы будете в выигрыше.
	to gain a reputation	- завоевать репутацию
(n)	gain	- выигрыш

(Посл.) **No gain without pain**.

Win и gain являются синонимами только частично, а антоним у них общий:

(v)	lose [lu:z] (lost, lost)	- терять; проигрывать.
	He lost two sons in the war.	- Он потерял двух сыновей на войне.
	She is losing her memory (sight).	- Она теряет память (зрение).

	He has lost his job.	- Он потерял работу.
	She lost her husband in the crowd.	- Она потеряла мужа в толпе.
	We lost our way in the forest.	- Мы потеряли дорогу в лесу.
	I've lost this book.	- Я потерял эту книгу.
	You will lose nothing by waiting.	- Вы ничего не потеряете, если подождете.
Ⓜ	There's not a moment to lose.	- Нельзя терять ни минуты.
	lost generation	- потерянное поколение
	Lend your money and lose a friend.	- Займешь деньги - потеряешь друга. (Посл.)
	to lose a match (a war)	- проиграть матч (войну).
	The game is lost.	- Игра проиграна.
	Win at first and lose at last.	- В том смысле, что счастье переменчиво. (Посл.)
	A good name is sooner lost then won.	- Доброе имя легче потерять, чем завоевать. (Посл.)
(n)	loser ['lu:zə]	- тот, кто теряет, терпит неудачу.
	The loser must pay.	- Проигравший платит.
	He considers me to be a loser.	- Он считает меня неудачником.
(n)	loss [lɔs]	- потеря
	to have a loss	- потерпеть ущерб; понести потерю
	heavy losses	- тяжелые потери.
	Loss of health is worse than loss of money.	- Потеря здоровья хуже, чем потеря денег.
(n)	success [sək'ses]	- успех.
Ⓜ	I wish you success.	- Желаю вам успеха.
	He has great success in life.	- Он добился успеха.
	The plan was a great success.	- План имел успех.
(v)	succeed [sək'si:d]	- достигнуть цели; иметь успех
(v)	fail [feil]	- терпеть неудачу; не суметь
	All our plans failed.	- Все наши планы рухнули.
	to fail (in) an exam	- провалиться на экзамене.
	She failed her driving test.	- Она не сдала экзамен на водительские права.
	We failed to come.	- Нам не удалось прийти.

(n) **failure** [ˈfeilə] — неудача.
Success came after many failures. — Успех пришел после многих неудач.
He has three successes and one failure. — У него было три удачи и один провал.
The experiment proved to be a failure. — Эксперимент провалился.
He was a failure as a teacher. — Как учитель он никуда не годился.
heart-failure — сердечный приступ.

Русское слово "случай".

(n) **case** [keis] — 2) случай; логическая возможность; один из вариантов происходящего
in this (that) case — в этом (таком) случае
in any case — в любом случае
in no case — ни при каких обстоятельствах.

(M) **In case of fire, phone 911.** — В случае пожара звоните 911.
in case = if — упраздняет будущее время.
in case I forget, tell him about it. — В том случае, если я забуду, скажите ему об этом.

(M) **I can't make an exception in your case.** — Я не смогу сделать исключение в вашем случае.

(M) **That is the case.** — Это верно, это так.
It's a clear (difficult) case. — Ясный (трудный) случай.

Case также означает случай в медицинской, уголовной практике; судебное дело.

(n) **chance** [tʃa:ns] — случайность, шанс.
Let's leave it to chance. — Оставим это на волю случая.
Let chance decide. — Пусть все решит случай.
He has no chances of winning. — У него нет шансов победить.
The chances are ten to one against him. — У него один шанс из десяти.
by a lucky chance — по счастливой случайности

(a) **a chance meeting in the street** — случайная встреча на улице

(n) **occasion** [əˈkeiʒn] — случай, подходящая возможность
on this occasion — по этому случаю.

(M) **That's a good occasion to speak English.** — Это — удобный случай поговорить по-английски.
I've had no occasion to do it. — У меня не было случая сделать это.

Происшествия характеризуются двумя словами:
- (n) **accident** [æˈksidənt] — несчастный случай
  to have an accident — попасть в катастрофу
  He was killed in a car accident. — Он погиб в автомобильной катастрофе.
  The accident was due to careless driving. — Авария произошла вследствие нарушения дорожных правил.

  Accidents will happen. — Человеку свойственно ошибаться. (Посл.)

- (n) **incident** [ˈinsidənt] — (небольшое) происшествие (инцидент)

  It was a funny incident. — Это было забавное происшествие.

  daily incidents — повседневные происшествия.

Прилагательные **accidental, incidental** сохраняют приведенное различие, но в меньшей степени, и оба могут переводиться как "случайный".

Два слова, соответствующих русскому "тень", близки и по форме, и по смыслу.

- (n) **shade** [ʃeid] — тень как противоположность свету.

  The temperature is 35°C in the shade. — Температура - 35° C в тени.
  to be (to keep) in the shade — держаться в тени
  a lamp-shade — абажур

- (n) **shadow** [ˈʃædou] — тень от конкретного объекта; употребляется также в переносных значениях.

  He is afraid of his own shadow. — Он боится своей собственной тени.
  the shadow of the house (the tree) — тень от дома (дерева)
  shadow-boxing — бой с тенью
  the shadows of the past — тени (призраки) прошлого

  without a shadow of doubt — без тени сомнения
  A shadow of your smile. — Тень твоей улыбки.

☞ **13-6. Еще раз о фонетике. (American English)**

Поговорим сейчас об основных особенностях американского произношения. В отличие от британского варианта
1) Буква **r** после гласных произносится: **car** [ka:r].

2) Слова типа **ask, past, class**.
Здесь буква **a** в закрытом слоге, казалось бы, должна читаться как [æ]. Однако существует и "подправило": в закрытом слоге **a** перед сочетаниями **ss, sk, st, nt, ns** читается как [a:].

В **American English** это подправило игнорируется:
ask [æsk]; answer [ˈænsə]; class [klæs]; past [pæst]; dance [dæns].

3) Буква **o** в закрытом ударном слоге становится короткой, взрывной и произносится практически как [ʌ]: not [nʌt], got [gʌt], Bob [bʌb], rock [rʌk], dollar [dʌlə].

4) Мы уже говорили, что в английском языке согласные не оглушаются. Но более того, существует обратная тенденция: где можно, там звонко. Когда глухой согласный звук (например, **t**) стоит между гласными после ударного слога, он начинает звучать звонко, особенно в быстрой речи.
water [wɔdə], better [ˈbedə], what I want [ˈwɔdaiˈwɔnt]
I got it [aiˈgʌdit], what are you doing [ˈwɔdaːrjuˈduiŋ].

5) Еще один необычный фонетический момент. В качестве примера для его обозначения мы выберем два слова: **situation, education**.
В данном случае твердый звук [t, d] дает резкий перепад с последующим мягким звуком **ju** [tju, dju].
В живой речи люди склонны смягчать этот переход, добавляя дополнительный звук: [sitʃjuˈeiʃn], [ədʒjukeiʃn].
Этот набор звуков часто встречается в различных конструкциях:
Did you [ˈdidʒju], Would you [ˈwuːdʒju],
Don't you [ˈdountʃju], Won't you [ˈwountʃju].

6) Наконец, некоторые распространенные обороты слились в своеобразные слова:
want to = wanna [ˈwɔnə]
going to = gonna [ˈgɔnə]
let me = lemme [ˈlemi]
give me = gimme [ˈgimi].
I'm gonna meet him tomorrow. - Я встречаюсь с ним завтра.
Об особенностях американской орфографии и пунктуации см. приложение 3.

Слова

(n)	sign [sain]	- знак; признак
	mathematical signs	- математические знаки
	traffic signs	- дорожные знаки
	sign language	- язык знаков (жестов)
	in sign of my love	- в знак моей любви.
	Dark clouds are a sign of rain.	- Тучи - признак дождя.
(v)	sign	- подписывать(ся)
(v)	prepare [pri'pɛə]	- (под)готовить
	to prepare a lecture	- подготовить лекцию.
	He prepared his lessons soon.	- Он быстро подготовил уроки.
	He is prepared for the worst.	- Он подготовлен к худшему.
	If you want peace, prepare for war.	- Если хочешь мира, готовься к войне. (Посл.)
(v)	include [inklu:d]	- включать
	This book includes all his works.	- Эта книга включает все его произведения.
	The price is $3, postage included.	- Цена 3 доллара, включая почтовые расходы
	including	- включая; в том числе
(v)	contain [kən'tein]	- содержать.
	This atlas contains 50 maps, including 6 of North America.	- Этот атлас содержит 50 карт, в том числе 6 карт Северной Америки.
	The book contains some useful information.	- Книга содержит ряд полезных сведений.
	A gallon contains 8 pints.	- Галлон равняется 8 пинтам.
(n)	container	- контейнер
(n)	contents ['kəntənts]	- содержание, содержимое
(v)	guide [gaid]	- вести, руководить усилиями.
	You must be guided by common sense.	- Вы должны руководствоваться здравым смыслом.
(n)	guide	- гид; указатель; руководство
	guide-lines	- руководящие указания
	a guide to the British Museum	- путеводитель по Британскому музею
	a guide to English Grammar	- руководство по английской грамматике

(v)	**direct [di'rekt]**	- направлять.
	We direct our steps towards home.	- Мы направили шаги к дому.
	Shall I direct the letter to your home address?	- Мне (надо) писать вам на домашний адрес?
(n)	**director** - директор; режиссер	в этом значении эти
(a)	**direct** - прямой	слова - синонимы
(a)	**straight [streit]**	- прямой
	a direct (a straight) line (road)	- прямая линия, дорога
	a direct result of your decision	- прямой результат вашего решения
	direct current	- постоянный ток
	direct speech	- прямая речь.

Оба этих прилагательных могут становиться наречием, не меняя формы:

	He came direct (straight) to Rome without staying in Paris.	- Он поехал прямо в Рим, не останавливаясь в Париже.
	Look straight ahead!	- Смотри прямо вперед!
(v)	**charge [tʃa:dʒ]**	- 1) заряжать; 2) назначать цену; 3) вменять в вину
	Electrons are negatively charged.	- Электроны заряжены отрицательно.
	to charge a high price	- назначать высокую цену.
	How much do you charge for...	- Сколько вы берете за...
	He was charged with murder.	- Он был обвинен в убийстве.
(v,n)	**command [kə'ma:nd]**	- командовать, распоряжаться
	The captain commanded to fire.	- Капитан скомандовал открыть огонь.
	He commands great sums of money.	- Он распоряжается большими суммами денег.
	He has 5 man under his command.	- Под его командованием - 5 человек.
Ⓜ	I am at your command.	- Я в вашем распоряжении.
Ⓜ	He has a good command of English.	- Он хорошо владеет английским.
(v)	**pick [pik]**	- собирать (руками)
	to pick flowers (fruit)	- собирать цветы (фрукты).

	He picked his teeth (with a fork).	- Он ковырял в зубах (вилкой).
	Someone picked my pockets.	- Кто-то обобрал меня.
(n)	pick-pocket	- карманный вор
(v)	pick up	- подбирать; подсаживать в машину
	to pick up a coin off the floor	- поднять монету с пола
	to pick up news	- собирать новости.
	I'll pick you up at 5 o'clock.	- Я заеду за вами в 5 часов.
	He stopped the car to pick up a girl.	- Он остановил машину, чтобы посадить девушку.
(n)	pick-up	- легковая машина - фургон (пикап)
(v,n)	reply [ri'plai]	- отвечать (более формальное слово, чем **answer** (ср.: "реплика").
	"Certainly, sir" he replied.	- "Конечно, сэр", - ответил он.
	He made no reply.	- Он не дал ответа.
	He failed to reply to my question.	- Он не смог ответить на мой вопрос.
(v)	require [ri'kwai]	- требовать(ся), нуждаться. Менее категоричное по сравнению с **demand**.
	We require extra help.	- Нам требуется дополнительная помощь.
	It's all that is required of you.	- Это все, что от вас требуется.
(v)	suffer ['sʌfə]	- страдать
	to suffer from headaches	- страдать от головной боли.
	Your reputation might suffer.	- Ваша репутация могла пострадать.
	How much suffering there is in the world!	- Сколько страданий в мире!
(v)	vary ['vɛəri]	- варьировать, разниться.
	The chickens vary in weight.	- Эти цыплята - разного веса.
	You should vary your diet.	- Вам следует разнообразить диету.
(a)	various ['vɛəriəs]	- разный, разнообразный
(v)	hurt [hə:t] (hurt, hurt)	- причинять боль, повреждение, ущерб
	It hurts the eyes to look at the sun.	- От солнца глазам больно.
	My shoe hurts me a bit.	- Ботинок немного жмет.
	He fell and hurt his back.	- Он упал и ушиб спину.
(v)	Didn't you hurt yourself?	- Вы не ушиблись?

Ⓜ	I didn't want to hurt you.	- Я не хотел сделать вам больно.
	She was hurt badly by these words.	- Эти слова причинили ей сильную боль.
	Nothing hurts like the truth. (Посл.)	- Правда глаза колет.
(n)	harm [ha:m]	- вред
(a)	harmful	- вредный
	harmless	- безвредный
(n)	good	- добро, благо
	more harm that good	- больше плохого, чем хорошего.
	There's no harm in it.	- В этом нет ничего плохого.
	to do somebody good	- делать добро кому-нибудь
Ⓜ	to do smb. harm	- приносить вред.
	It will do you no harm if you read this book.	- Тебе не повредит, если ты прочтешь эту книгу.
	What good will it do?	- Что в этом хорошего?

Последняя группа слов несколько необычна: в учебниках она встречается редко, а в жизни - часто.

	God, Lord	- Бог
	My God! Jesus! Jesus Christ! [ˈdʒizəs kraist]	- Боже мой! О, Боже!
Ⓜ	God only knows!	- Одному Богу известно!
	God helps those who help themselves. (Посл.)	- Бог помогает тем, кто сам о себе заботится.
	God-father	- крестный отец
	God-son	- крестный сын
(n)	Christmas [ˈkrisməs]	- Рождество
	christmas tree	- рождественская елка
(n,a)	Christian [ˈkristʃən]	- христианин; христианский
(n)	church [tʃə:tʃ]	- церковь
	to go to church	- ходить в церковь
(n)	Heaven [hevn]	- небеса.
	Thank Heaven he is alive!	- Слава Богу, он жив!
	It is the will of Heaven.	- Такова воля небес.
	Marriages are made in heaven.	- Браки заключаются на небесах. (Посл.)

Слово "черт" отсутствует. Его заменяют два других:

(n)	hell	- ад; (в восклицаниях) черт!
	She made my life hell.	- Она превратила мою жизнь в ад.

Ⓜ	What the hell do you want?	- Какого черта вы хотите?
	hell of a = (helluva) noise	- чертовский шум.
	He ran like hell.	- Он бежал как черт.
Ⓜ	Go to hell!	- Иди к черту!
(n)	devil ['devl]	- дьявол
	The devil is not so black as he is painted.	- Не так страшен черт, как его малюют. (Посл.)
	Speak the truth and shame the devil!	- Говори правду и посрами дьявола! (Посл.)
(v)	dam<u>n</u> [dæm]	- проклинать.
Ⓜ	God damn it! = Damn it all!	- Будь все проклято!
Ⓜ	I'll be damned!	- Будь я проклят!
	Where is this goddamn boy?	- Где этот проклятый мальчишка?
(v)	bless [bles]	- благословлять
Ⓜ	God bless you	- благослови вас Бог!

(adv) terribly ['teribli], awfully ['ɔ:fəli] | - ужасно. Как и в русском, эти слова употребляют вместо "очень".

I'm awfully glad to see you. — Ужасно рад вас видеть.

ПРИЛОЖЕНИЕ 1

Некоторые сложности при образовании множественного числа существительных

Нормой является добавление -s к форме существительного в единственном числе (возможные варианты произношения приведены в ур. 2-6).

Рассмотрим основные отклонения от этого правила:

1) Если существительное заканчивается на **s, z, x, ch, sh**, добавляется **-es**.

boxes, churches, wishes.

2) Если существительное заканчивается на **-y**, то:

в случае гласная **+y** - добавляется **-s**,

в случае согласная **+y** - замена **y** на **i+es**:

boys, monkeys,

но: **cities, ladies, skies.**

3) Если существительное заканчивается на **-o**
   гласная **+o** - добавляется **-s**,
   согласная **+o** - добавляется **-es**:
radios, studios,
но: **heroes, Negroes.**

4) Если существительное заканчивается на **-f, -fe**, то окончание переходит в **-ves:**
life - lives; half - halves.
Однако есть ряд исключений:
roof - roofs - крыша.

5) Иностранные слова могут сохранять свое исходное окончание множественного числа:

phenomenon	- **phenomena**	- явление
formula	- **formulae**	- формула
criterion	- **criteria**	- критерий
appendix	- **appendices**	- приложение
thesis	- **theses**	- тезис.

6) Несколько слов имеет одинаковую форму единственного и множественного числа:

sheep	- **sheep**	- овца	- овцы
deer	- **deer**	- олень	- олени.

7) Слова, не подчиняющиеся правилам:

man	- **men**	- человек
woman	- **women**	- женщина
child	- **children**	- ребенок
foot	- **feet**	- нога
tooth	- **teeth**	- зуб
goose	- **geese**	- гусь
mouse	- **mice**	- мышь.

ПРИЛОЖЕНИЕ 2

Деление неправильных глаголов на группы по сходству образования II и III форм.

	I ф.	II ф.	III ф.
1)	cut	cut	cut
	put	put	put
	let	let	let
	set	set	set
	hit	hit	hit

	I ф.	II ф.	III ф.
	shut	shut	shut
	split	split	split
	cost	cost	cost
	hurt	hurt	hurt
	read	read	read
2)	bear	bore	born
	tear	tore	torn
	wear	wore	worn
	swear	swore	sworn
3)	sing	sang	sung
	ring	rang	rung
	drink	drank	drunk
	begin	began	begun
	swim	swam	swum
	run	ran	run
4)	send	sent	sent
	lend	lent	lent
	bend	bent	bent
	spend	spent	spent
5)	lay	laid	laid
	pay	paid	paid
	say	said	said
6)	lead	led	led
	feed	fed	fed
	bleed	bled	bled
7)	bring	brought	brought
	think	thought	thought
	fight	fought	fought
	buy	bought	bought
	catch	caught	caught
	teach	taught	taught
8)	feel	felt	felt
	sleep	slept	slept
	smell	smelt	smelt
	spell	spelt	spelt
	keep	kept	kept
	weep	wept	wept
	sweep	swept	swept
	deal	dealt	dealt
9)	know	knew	known
	grow	grew	grown
	blow	blew	blown
	throw	threw	thrown
	draw	drew	drawn
	fly	flew	flown

ПРИЛОЖЕНИЕ 3

Американская орфография (отличия от британской).

1. Окончание -re заменяется на -er:
   center (Amer.) - **centre** (Brit.)
   meter - **metre; theater** - **theatre.**

2. Окончание -our упрощается до -or:
   labor (Amer.) - **labour** (Brit.)
   honor - **honour; color** - **colour.**

3. В словах французского происхождения часто отбрасывается немой конечный слог:
   program (Amer.) - **programme** (Brit.)
   catalog - **catalogue; check** - **cheque.**

4. Иногда в составных словах опускается немое **е**, взятое из слов-составляющих:
   judgment (Amer.) - **judgement** (Brit.) (сравните - **judge**)
   good-by (Amer.) - **good-bye** (Brit.).

5. Окончание -ce заменяется на -se:
   license (Amer.) - **licence** (Brit.).
   offense - offence; defense - defence.

6. Окончание -ise заменяется на -ize:
   realize (Amer.) - **realise** (Brit.)
   organize - organise.

Американская пунктуация
(основные отличия от пунктуации русского языка).

1. **Period (Brit.- full stop)** - точка.
   а) Основное ее употребление очевидно - точка завершает утвердительное предложение .

б) Точка (а не вопросительный знак) ставится после вопроса в косвенной речи:
I want to know when you can come.

в) Точка ставится после сокращений (**Dr., Mrs., etc., P.S.**), однако не надо ставить точку в следующих случаях:
 - если сокращение относится к общеизвестным организациям (**IBM, NATO, CIA, CNN**)
 - после сокращенной записи химических элементов (**N, C, H$_2$O**)
 - после порядковых числительных (**1st, 2nd, 5th**)
 - после инициалов знаменитых людей (**JFK, FDR**).

г) Если сокращение стоит в конце предложения, нужна только одна точка:
He lives in Teaneck, N.J.
Однако наличие скобок меняет это правило:
Please come at 6 p.m. (not 4 p.m.).

2. **Comma** - запятая.

а) Запятая всегда отделяет независимые придаточные предложения, даже если (здесь отличие от русского языка) они связаны союзом **and**:
She stayed at work, and I decided to go home.

б) При перечислении запятых требуется на одну больше, чем в русском языке :
Tom, Andrew, and Carl came to us.

в) Вводные слова, естественно, отделяются запятыми; в эту категорию попадает больше слов, чем в русском, особенно в начале фразы:
Meanwhile, they disappeared.

г) Существуют придаточные предложения, которые не надо отделять запятой (если отбросить такое предложение, смысл всего высказывания меняется):
I don't need a computer that doesn't work.

3. **Quotation Marks** - кавычки.
Прямая речь выделяется только запятыми и кавычками:
"Go home," she said, "before you get wet".

Обратите внимание - вот как выглядят в этой ситуации два законченных предложения:
"The weather is nice", he said. "Let's walk".
В отличие от британского варианта, точки и запятые в конце фразы помещаются внутри кавычек.

4. **Italics** - курсив.
Всегда выделяются курсивом:
а) названия книг, журналов и газет
б) названия кинофильмов, пьес и т.д.
в) названия судебных дел
г) эмоционально выделяемые слова.

5. Пишутся с заглавной буквы:
а) все слова (кроме предлогов, союзов и артиклей) в заголовках, названиях книг, журналов, газет, фильмов и т.д.
б) дни недели, месяцы и праздники
в) все географические названия
г) титулы, когда они стоят перед именем **Governor Cuomo**; но: **M. Cuomo, the governor of**...
д) государственные, международные и политические организации.

6. При переносе слова разбиваются так, чтобы не исказить произношение:
democ-racy (а не **demo-cracy**)
knowl-edge (а не **know-ledge**).

7. Знаки препинания в начале и конце писем.
В начале письма официальное неформальное
а) **Dear Sir:Dear John,** (восклицательный знак никогда не ставится).
б) В конце письма: **Sincerely**
Andrew Brown
Sales Manager
(в двух последних строках точки не нужны).

УРОК 14. КЛЮЧ К ИЗУЧЕНИЮ АМЕРИКАНСКИХ ИДИОМ.

На определенном этапе изучения языка начинает остро ощущаться необходимость усвоения идиом - речь без них, даже правильная, суха и безжизненна, часто вопринимается как ученическая. Эта проблема порой кажется неразрешимой, вызывает чуть ли не панику и сопровождается немалой путаницей. Причина - в отсутствии системы их изучения.

Хороший словарь идиом содержит несколько тысяч статей в алфавитном порядке и является, по сути, справочным пособием. Для успешного продвижения в этом огромном материале необходима хотя бы самая элементарная классификация (подобно делению слов на части речи) и отбор "первой ступени" - самых употребительных, ключевых выражений.

Данная глава представляет собой попытку решения этой задачи.

Сначала попробуем немного определить предмет разговора. Идиома - это выражение, смысл которого не равен смыслу составляющих его слов. Возьмем для примера русское выражение "жить на широкую ногу". Те слова, что в нем использованы нельзя заменить, отделить, чаще всего, даже переставить. Сложившись в идиому, выражение становится самостоятельным.

Очень распространенная ошибка - приписывать идиомы только разговорной речи, а иногда и путать их со слэнгом. В том-то и важность идиом, что они существуют в любом слое речи (литературной, разговорной и т.д.), пронизывают и наполняют весь язык. В отличие от этого слэнг - довольно узкая часть языка, отчасти сродни жаргону, с помощью которой большая группа людей (например, городская молодежь) устанавливает особое взаимопонимание. При этом слэнговое выражение, как и любое другое, может быть "простым" или образным. В русском языке, например, "лабух" вместо "эстрадный музыкант" - это просто слэнг, а "вешать лапшу на уши" - это слэнговая идиома. Слэнг при изучении языка имеет в основном психологическое значение. Идиомы же - плоть от плоти языка, его повседневное творчество, в которое вовлечены большинство говорящих на этом языке.

Проблема изучения идиом - совсем не такая безнадежная, как это кажется поначалу. Уже первые три-четыре сотни усвоенных идиом, если они подобраны с толком, внесут принципиально новый элемент в вашу речь и понимание языка. Есть еще одна деталь, которую надо иметь ввиду: идиомы - это тот пласт английского языка, где особенно заметно различие между американским и британским вариантами.

14 - 1. Существительное с определением.

Определение может быть выражено прилагательным или причастием; иногда английская идиома совпадает с русской - это приятное исключение:
a dark horse - темная лошадка
a lone wolf - одинокий волк (человек, склонный делать все в одиночку)
an ugly duckling - гадкий утенок
an Indian summer - бабье лето
a vicious circle - порочный круг

Второй вариант - определение выражено другим существительным (это крайне важная тема - см. Урок 7-6):
a paper tiger - "бумажный тигр" (т.е. пустая угроза)
a guinea pig - морская свинка (т.е. подопытное животное)
an ivory tower - башня из слоновой кости (отгороженность от жизни)
the lion's share - львиная доля
at a snail's pace - с черепашьей скоростью
a cash cow - дойная корова

А теперь рассмотрим идиомы этого типа, которые не имеют прямых аналогов в русском языке:
red tape - волокита; бюрократические проволочки
a poker face - непроницаемое лицо
a nest egg - "яичко в гнездышке" (т.е. сбережения всей жизни)
rat race - суета, гонка без достойной цели; мышиная возня
hare-brained person - человек с куриными мозгами
the pecking order - порядок старшинства (досл. клевания, как птицы подходят к кормушке). Очень яркая идиома - в былые времена западные журналисты часто употребляли ее, описывая "построение" членов советского Политбюро.

Далее идут еще две употребительные идиомы с "птичьими образами", где логика, в отличие от предыдущей, совершенно непонятна:
a wild goose chase - погоня за химерами (за вымышленной целью)
cold turkey - резкое прерывание (относится к курению, употреблению алкоголя и наркотиков).
He quit smoking cold turkey. - Он бросил курить одним махом.
the last ditch - последний окоп (когда дальше отступать некуда)
last-ditch stand - борьба (противостояние) до последнего
a last-ditch effort to give up smoking - отчаянная попытка бросить курить
a blind date - заочно назначенное свидание
a private eye - частный детектив.

14 - 2. Идиомы на базе существительных. (Noun phrases.)

Эта группа идиом также включает короткие выражения, где ключевым словом является существительное. Внешнее отличие от идиом прошлого раздела - присутствие предлога, который как бы соединяет два существительных.

Сначала приведем несколько выражений, которым легко подыскать соответствие в русском языке:

the law of the jungle - закон джунглей
the tip of the iceberg - верхушка айсберга
a drop in the bucket - капля в море (досл. в ведре)
food for thought - пища для раздумий, для размышлений
castles in the air - воздушные замки (пустые фантазии)
a pain in the neck - "головная боль" (человек или занятие, вызывающие раздражение).

Теперь несколько менее привычных нам идиом:

the life of the party - душа общества (популярный в компании человек)
the man in the street - простой, рядовой человек
a piece of cake - что-то очень легкое; плевое дело
a pack of lies - россказни; сплошное вранье
a skeleton in the closet - неприглядный семейный секрет
a slap in the face - пощечина; оскорбление
 It was a slap in the face for all of us. - Это было оскорблением для всех нас.
a slip of the tongue - небольшая ошибка в речи; оговорка (часто забавная)
a son of a gun - сукин сын (помягче и поприличнее, чем **son of a bitch**)
the name of the game - решающий фактор; самое важное
 In the art world publicity is the name of the game.-
 В мире искусства самое важное - это известность.
pie in the sky - что-то недостижимое; несбыточная мечта
cream of the crop - "сливки общества"; самые достойные люди
bed of roses - (досл. - клумба роз) легкая, приятная жизнь
can of warms - (досл. - банка с червями) набор запутанных проблем
a jack of all trades - мастер на все руки
shot in the arm - ободряющий фактор или событие
run of the mill - (досл. - работа мельницы) рядовой, обыкновенный
 It was a run-of-the-mill movie. - Это был заурядный фильм.
word of mouth - передача сведений в устной форме
 How did you find this hotel? - By word of mouth. - Как вы нашли эту гостиницу? - Со слов людей (а не по объявлению, например).

14 - 3. Глагольные конструкции. (Verb phrases.)

Эта группа идиом по своей грамматической структуре вполне привычна для нас - дело лишь за содержанием:

to break the ice - (досл. - разбить лед) сказать или сделать что-то, чтобы снять напряженную атмосферу (чаще всего в начале публичного выступления или профессионального интервью)

to come to terms - прийти к соглашению

to get the ax - (досл. - заполучить топор) быть выгнанным с работы
  Bob got the ax last week. - На прошлой неделе Боба вытурили с работы.

to cut classes - прогуливать уроки

to go to the dogs - развалиться; пойти к чертям собачьим
  After Dick's death, his business went to the dogs. - После смерти Дика его бизнес развалился.

to hit the jackpot - сорвать куш; добиться большого успеха

to hit the ceiling (or hit the roof) - расписховаться

to hit the road - пуститься в путь
  Bret felt a desire to travel, and soon he hit the road. - Брет почуствовал тягу к путешествиям и вскоре пустился странствовать.

to cry wolf - поднять ложную тревогу

to kick the bucket - "сыграть в ящик", умереть

to smell a rat - заподозрить неладное

to know the ropes - быть искушенным (в чем-то); знать все ходы и выходы

to make a dent - (досл. - сделать вмятину) возыметь эффект
  All his effort in this matter didn't make a dent. - Все его усилия в этом деле - что слону дробина.

to face the music - держать ответ; расплачиваться за свои действия
  Jim was caught cheating in an exam and had to face the music. - Джима поймали за списыванием на экзамене, и ему пришлось держать ответ.

to do the trick (or the job) - сделать то, что требовалось
  You see, the door doesn't squeak any more. A bit of oil did the trick. - Видишь, дверь больше не скрипит. Капля масла - это то, что было надо.

to follow suit - следовать примеру
  The actor started singing and everyone followed suit. - Актер запел и все последовали его примеру.

to raise hell - поднять шум; устроить скандал

to miss the boat - упустить благоприятную возможность
  It's too late. You've missed the boat. - Слишком поздно. Поезд ушел.

14 -4. Идиомы с предлогами. (Idioms with prepositions.)

Естественно, предлоги могут встречаться в любых идиомах. Именно в эту группу мы выделяем короткие выражения, где предлоги занимают центральное место. В этом случае ошибка в употреблении предлога или артикля "разрушает" идиому - надо быть к ним особенно внимательным.

across the board - относящийся ко всем участникам (обычно употребляется применительно к зарплатам, налогам и т.д.)
Taxes were lowered across the board. - Налоги были снижены повсеместно.
after hours - во внеурочное время
against the grain - (здесь **grain** - волокна в древесине) 1) "против течения", т.е. вопреки обстоятельствам (так, кстати, была названа и переведена книга Бориса Ельцина); 2) "против шерсти"
at bay - загнанный в угол; без путей к отступлению
at the crossroads - на перепутье
at face value - за чистую монету
at first sight - с первого взгляда
It was love at first sight. - Это была любовь с первого взгляда.
behind bars - за решёткой; в тюрьме
behind the scenes - (досл. - за кулисами) втайне от публики
down-to-earth - земной; материальный
for the asking - если попросите
Money is yours for the asking. - Вы получите деньги по первому требованию.
from scratch - "с нуля"; с самого начала
in a jiffy - в момент; очень быстро
I have to go out, I'll be back in a jiffy. - Мне надо выйти, я мигом вернусь.
in the know - быть в курсе (дела);
in a nutshell - (досл. - в ореховой скорлупе) вкратце; в двух словах
off the record - не для записи; неофициально
This is strictly off the record. - Это строго между нами.
on the bottle - (быть) в запое
on the house - бесплатно для посетителей; за счёт владельца
Drinks are on the house tonight. - Напитки сегодня выставляются бесплатно.
out of sorts - (быть) не в духе
Bob was out of sorts and didn't say hello to us. - Боб был не в духе и не поздоровался с нами.
under the weather - слегка недомогать; быть не в форме
I'm under the weather today. - Я себя неважно чувствую сегодня.

14 - 5. "Парные" идиомы. (Idiomatic pairs.)

В этой группе идиом два однотипных слова обычно или контрастируют или рифмуются друг с другом. В русском языке такие идиомы тоже есть (напр. "ни дать, ни взять"), но мне кажется, что в английском их больше. Они часто кажутся непонятными, и это затрудняет их запоминание.

A) пара существительных:
the haves and **the have-nots** - богатые и бедные люди; имущие и неимущие
movers and shakers - влиятельные люди; сильные мира сего
by hook or by crook - любым способом; не мытьем, так катаньем
hustle and bustle - суета, суматоха
a hue and cry - шумный протест
 There was a great hue and cry when they announced their decision. - Когда они объявили о своем решении, поднялся страшный шум.
ifs and buts - отговорки (см. как легко одна часть речи переходит в другую)
ins and outs - внутреннее устройство; подноготная
 He knows all ins and outs of this business. - Он знает этот бизнес вдоль и поперек.
pros and cons - за и против; плюсы и минусы
 Your idea seems to be interesting, let's consider all pros and cons. - Ваша идея кажется интересной; давайте обсудим все за и против.
wear and tear - (естественный) износ вещи

B) пара прилагательных
alive and kicking - в добром здравии
cut and dried - "решено и подписано"; окончательно решенный (вопрос)
fair and square - по-честному; без уловок
through thick and thin - и в беде, и в радости
 They stayed friends through thick and thin. - Их дружба прошла через все испытания.

C) пара глаголов
give and take - идти на уступки, на компромиссы
wait and see - терпеливо ждать
 There's nothing we can do. Let's wait and see. - Мы ничего не можем сделать. Давайте займем выжидательную позицию.
wine and dine - шикарно развлекать
 The Senator came to our town; naturally, he was wined and dined. - В наш городок приехал сенатор; естественно, его ублажали по полной программе.
sink or swim - (досл. - утонуть или выплыть) пан или пропал
hit or miss - была не была! (без определенного плана, на удачу, на авось)

14 - 6. Образные идиомы. (Colorful idioms.)

Эта группа идиом включает сложные образы, а иногда и целые фразы. Конструкции здесь могут быть самые неожиданные.

to pay through the nose - платить неумеренную цену; переплачивать
 He got the ticket for this show, but he had to pay through the nose. - Он достал билет на этот спектакль, но ему пришлось платить втридорога.
to have a screw loose - (часто иронически) быть не в своем уме
as the crow flies - (досл. - как летит ворона) по прямой (линии)
Let's call it a day! - На сегодня все! (На этом заканчиваем!)
and all that jazz - и все такое прочее
You can't beat them all! - И на старуху бывает проруха! (иногда просчеты неизбежны).
to play by ear - 1) играть по слуху, без нот; 2) импровизировать
 Have you prepared for your interview? - Come on, I'll play it by ear. - Ты подготовился к интервью? - Да ладно, сориентируюсь на месте.
to play second fiddle - быть не на главных ролях
 In his field he plays second fiddle to none. - В своей области он самый лучший, никому не уступает.
Let's call a spade a spade. - Давайте называть вещи своими именами.
to turn over a new leaf - начать новую жизнь
to paint the town red - устроить загул, кутеж
to fly off the handle - рассердиться; выйти из себя
to feel like a million dollars - превосходно себя чувствовать
to bet one's bottom dollar - поставить на карту все до последнего
to be all thumbs - быть неуклюжим, неумехой
to cut no ice - не иметь значения; не произвести впечатления
 Music cuts no ice with him. - Музыка для него не слишком важна.
to bend over backwards - (досл. - изогнуться назад) сделать все возможное; "разбиться в лепешку"
to pull someone's leg - подшутить, разыграть кого-то
 Really? Johnny, you're pulling my leg! - Правда? Джонни, ты меня разыгрываешь!
Go fly a kite! - Отвали! Иди прочь!
home run - полный успех (эта и следующая идиомы пришли из бейсбола)
to touch base with someone - вступить в контакт; пообщаться с кем-то
 Before you leave New York, I'd like to touch base with you. - До того, как вы уедете из Нью-Йорка, я бы хотел переговорить с вами.

14 - 7. Идиомы с ключевыми словами. (Idioms with key words.)

Идиомы этой группы были отобраны по особому признаку. В каждом языке есть небольшое количество крайне употребительных, базисных слов (названия частей тела, некоторых животных и т.д.), и вокруг них возникают как бы "сгустки" идиом. Как показывает опыт, такое разделение идиом облегчает их запоминание. Приведем несколько примеров таких слов - **eye, ear, face, foot, hair, tooth, dog, horse, etc.**

to make eyes at someone - строить глазки
  Look, she is making eyes at him. - Посмотри, она с ним заигрывает.
In my eyes, he is a saint. - На мой взгляд, он - святой.
an eye opener - что-то удивительное
  Her dress caught my eye. - Ее платье привлекло мое внимание.
to keep an eye on the ball - следить за быстро меняющейся ситуацией
to see eye to eye - полностью соглашаться
  We see eye to eye in this matter. - Мы полностью согласны в этом вопросе.
His son is the apple of his eye. - Он очень любит своего сына и гордится им.
In his mind's eye, he saw the picture vividly. -
В своем воображении он ясно видел эту картину.
to keep an eye on something - не выпускать из виду;
  This problem is very important - keep an eye on it. -
Эта проблема очень важна, держите ее в поле зрения.
to be all eyes (or all ears) - очень внимательно следить за чем-то
  I'm all eyes (I'm all ears). - Я - весь внимание (я весь превратился в слух).
to turn a blind eye (or a deaf ear) to something - не обращать внимания
  Steve turned a deaf ear to my question. - Стив проигнорировал мой вопрос.
My proposal fell on deaf ears. - Мое предложение даже не хотели слушать.
to be wet behind the ears - быть неискушенным новичком (в каком-то деле)
to do an about-face - совершить поворот на 180 градусов (в своей позиции)
to keep a straight face - сохранять серьезное лицо
to have a long face - выглядеть несчастным
to get cold feet - испугаться, сдрейфить
to put one's foot down - твердо стоять на своем
to put one's foot in it (or in one's mouth) - допустить грубую бестактность
to put a foot in the door - "зацепиться" за благоприятную возможность
to drag one's feet - медлить; тянуть (с чем-то)
to land on one's feet - выпутаться из трудной ситуации без потерь
to put one's best foot forward - показать себя в наилучшем виде
  Do you have an interview today? Put your best foot forward!

to get in one's hair - въесться в печенки
The child got in my hair by shouting. - Ребенок "достал" меня своим криком.
to split hairs - спорить по пустякам; мелочиться
to give a hand (or lend a hand) - оказать помощь
to give a free hand - предоставить свободу действий
His boss gave him a free hand in hiring new staff. - Его начальник передоверил ему прием на работу новых сотрудников.
to live from hand to mouth - жить на последние деньги, без резервов
to fight tooth and nail - биться до последнего
She fought tooth and nail to get this job. - Она билась изо всех сил, чтобы получить эту работу.
to have (get) an upper hand - иметь (получить) преимущество
to sit on one's hands - бездействовать
to be on one's last legs - быть на последнем издыхании
to have a sweet tooth - быть любителем сладкого
I didn't know that you have a sweet tooth. - Я не знал, что ты сладкоежка.

14 - 8. Глагольные идиомы. (Phrasal verbs.)

Если есть в английском языке самая трудная тема, то вот она перед нами. Тема совершенно особая. Английский глагол очень часто работает в комбинации с предлогом, стоящим после него (**look out, look up something, look up to**). Строго говоря, в первом из примеров частица является наречием, во 2-м - предлогом, а в 3-м - наречие + предлог (к сожалению, эти детали больше помогают учителю, чем ученику). Сочетаний таких великое множество, многие из них очень употребительны, причем именно в разговорной лексике; в русском языке частицы пристраиваются к глаголу спереди (прикрывать), бывают они и двойными (приумножать), но не так часто.

Надо быть готовым к тому, что подобная глагольная комбинация может иметь несколько значений, например:

to give up - 1) сдаваться; 2) отказываться (от чего-либо); 3) прекращать делать что-либо, бросать
He gave himself up to the police. - Он сдался полиции.
Don't give up so soon. - Не отчаивайся (не опускай руки) так быстро.
I've given up the idea. - Я отказался от этой мысли.
I will have to give up this job. - Мне придется бросить эту работу.

Если значение такой комбинации не связано напрямую со значением глагола и частицы, она называется глагольной идиомой (ср. два примера):
What have you <u>done with</u> my book? - Что ты сделал с моей книгой?
It has nothing to <u>do with</u> me. - Это не имеет ко мне никакого отношения.

Я честно скажу, что мне неизвестен простой способ усвоить глагольные идиомы. Наиболее реальный путь - постепенное привыкание: сначала научиться узнавать их в потоке речи (для этого мы и пробуем наметить их особенности), потом разбираться с теми из них, что встречаются вам чаще других.

Когда вы работаете с глагольными сочетаниями, есть один момент, который важно иметь ввиду: частица может быть отделима от глагола
to look up the word = to look the word up, однако, когда дополнение выражено местоимением - его место только между глаголом и частицей:
Look it up in the dictionary. - Поищи (посмотри) его (это слово) в словаре.

Некоторые глагольные словосочетания неразделимы:
to look out - осмотреться перед тем, как сделать что-то
Look out! There's a lot of traffic here. - Осторожно! Здесь полно машин.

И, наконец, самый трудный вариант - глагол с двумя частицами:
to look up to - относиться с почтением
A lot of people look up to you, don't let them down. -
К тебе уважительно относится много людей - не подведи их.

Приведем несколько интересных примеров:
to come up with - предложить мысль; придумать что-то
I came up with the following plan. - Я придумал следующий план.
to come down with - подхватить болезнь
He came down with the terrible flu. - Он подхватил ужасный грипп.
to sleep on something - отложить решение до утра
It's a hard problem, let's sleep on it. -
Проблема трудная, давайте оставим ее до утра.
to put up with something - терпеть, выносить

Тот факт, что часть идиом (не такая уж большая) принадлежит к слэнгу, отражается и в этой теме:
to jazz up - оживлять, делать более привлекательным
You gotta jazz up your report a bit. -
Вам надо немного оживить свой отчет.
to cash in on - воспользоваться; извлекать выгоду (из чего-то)
This guy is always ready to cash in on someone else's misfortune. -
Этот парень всегда готов нажиться на чужой неудаче.

Грамматический указатель

Тема	В каком уроке смотреть
Артикль	1-4, 11-6
Вопросительные предложения	4-3, 10-3
Времена глагола	
общий подход	7-2, 9-2, 12-2
группа **Continuous**	6-2, 7-2, 12-2
группа **Perfect**	10-1
группа **Perfect Continuous**	12-1
Future Indefinite	8-1
Другие способы выражения будущего	8-2
Future Continuous	8-3
Future in the Past	11-2
Герундий	8-6
Глагол	
формы глагола	1-6, 2-3, 2-1, 5-2, 7-1, 9-3
необходимые конструкции	2-2
грамматические сложности	4-1
Заменители	
глагола (сказуемого)	8-5
глаголов **can, must, may**	8-5
подлежащего	11-4
Инфинитив	6-3, 13-2
Компрессия	13-5
Конверсия	13-5
"Ложные друзья" переводчика	13-5
Местоимение	1-5, 8-4, 10-5
Модальные глаголы	
will, shall, would, should	3-4, 8-5, 9-5, 13-3
дополнительные значения	11-3
Наречие	1-7, 7-4
Определители существительного	5-4, 5-5
Пассивный залог	9-1, 9-2, 12-2
Повелительное наклонение	3-3, 12-3
Предлоги	1-8, 5-6, 6-3, 6-5, 12-5
Прилагательное	
грамматика	1-3, 2-5, 7-3, 7-4, 7-5
степени сравнения	7-4
Приставки	9-6, 13-4
Служебные слова	8-8, 12-4, 12-5, 13-3
Согласование времен	11-1
Сослагательное наклонение	13-1
Суффиксы	3-2, 8-5, 13-4
Существительное	1-2, 7-6
Слова-заместители	8-7
Слова-усилители	12-3
Транскрипционные знаки	2-6
Условные предложения	13-1
Фонетика	2-6, 13-6
Числительное	3-5, 6-4
Эхо-конструкции	10-6

ОГЛАВЛЕНИЕ

УРОК 1   Стр.

1-1 О грамматике 5
1-2 Существительное... 6
1-3 Прилагательное.. 8
1-4 Артикль... 9
1-5 Местоимение... 11
1-6 Глагол... 13
1-7 Наречие.. 16
1-8 Предлог.. 16

УРОК 2

2-1 Еще о глаголе.. 18
2-2 **Pattern 1**.. 19
2-3 **Pattern 2** (Глагол **to be**)............................. 21
2-4 **Pattern 2** (продолжение)............................... 23
2-5 **Pattern 3**.. 24
2-6 Фонетические замечания................................ 26

УРОК 3

3-1 **Pattern 4** (Глагол **to have**) 29
3-2 Суффикс **-er**... 31
3-3 **Pattern 5** (Повелительное наклонение)........... 32
3-4 **Pattern 6** (Модальные глаголы)..................... 34
3-5 Числительные.. 36

УРОК 4

4-1 Принципы преодоления грамматических
     сложностей. Вопросы..................................... 38
4-2 Отрицания... 41
4-3 Вопросительные слова.................................... 43
4-4 Дополнительные замечания........................... 45

УРОК 5

5-1 **Pattern 7**. Оборот **there is, there are**............. 46
5-2 Еще о формах глагола..................................... 51
5-3 Названия стран.. 52
5-4 Определители существительного **some, any, no** 54
5-5 Определители существительного **much,
     many, little, few**... 56
5-6 Предлоги.. 57

УРОК 6

Стр.

6-1 О временах глагола.................................. 60
6-2 **Present Continuous Tense**...................... 60
6-3 **Time**... 63
6-4 Порядковые числительные........................ 67
6-5 Предлоги... 68
6-6 Придаточные предложения....................... 72
6-7 Разговорная лексика................................ 73

УРОК 7

7-1 **Past Indefinite Tense.** II и III формы
глагола.. 78
7-2 Еще раз о системе времен........................ 82
7-3 Работаем с прилагательными................... 85
7-4 Степени сравнения прилагательных
и наречий.. 88
7-5 Дополнительные замечания..................... 90
7-6 Существительное в роли определения....... 92

УРОК 8

8-1 **Future Indefinite Tense**........................... 93
8-2 Другие способы выражения будущего
времени.. 96
8-3 **Future Continuous Tense**........................ 97
8-4 Неопределенные местоимения
типа **something**................................... 98
8-5 Замена глаголов **can, must, may**............. 103
8-6 Герундий.. 106
8-7 Слова-заместители.................................. 109
8-8 Служебные слова.................................... 110

УРОК 9

9-1 Пассивный залог..................................... 114
9-2 Пассив: грамматическая картина............. 117
9-3 III форма глагола.................................... 119
9-4 Названия материалов.............................. 121
9-5 О модальных глаголах............................. 124
9-6 Приставки.. 128

УРОК 10

	Стр.
10-1 **Present Perfect Tense**..................................	130
10-2 Группа времен **Perfect**.................................	132
10-3 Еще раз о вопросах..	135
10-4 Глагол **to get**...	137
10-5 Завершаем разговор о местоимениях..........	140
10-6 Эхо-конструкции..	143

УРОК 11

11-1 Согласование времен......................................	146
11-2 **Future in the Past**.......................................	149
11-3 Дополнительные значения **will, shall, would, should**.......................	151
11-4 Заменители подлежащего...............................	157
11-5 "Сложные" слова..	160
11-6 Еще об артиклях..	163

УРОК 12

12-1 **Perfect Continuous Tense**.........................	166
12-2 **Progressive aspect**.....................................	170
12-3 Слова-усилители...	172
12-4 Служебные слова с элементом **-ever**.........	175
12-5 Сложные предлоги и служебные слова.......	178
12-6 Русское слово "еще"......................................	181

УРОК 13

13-1 Сослагательное наклонение. Условные предложения................................	184
13-2 Инфинитив...	191
13-3 Служебные слова...	197
13-4 Приставки и суффиксы.................................	203
13-5 Некоторые особенности английской лексики	209
13-6 Еще о фонетике (**American English**)..........	215

Приложение 1.
Некоторые сложности при образовании множественного числа существительных........... 221
Приложение 2.
Неправильные глаголы, сгруппированные по сходству звучания............. 222
Приложение 3.
Американская орфография................................... 224

УРОК 14

Ключ к изучению американских идиом 227
КАК ЗАГОВОРИТЬ ПО-АНГЛИЙСКИ ЗАОЧНАЯ ШКОЛА Виталия Левенталя............... 241

КАК ЗАГОВОРИТЬ ПО-АНГЛИЙСКИ

Как добиться успеха в изучении языка? Наш многолетний опыт работы с десятками тысяч русскоязычных людей в Москве и Нью-Йорке однозначно говорит: решающее значение имеет СИСТЕМА обучения. В этом учебнике вы найдете четкий и ясный подход к работе; в его основе – логика объяснений и их связь с родным языком.

Важно понимать также, что изучение языка должно быть поэтапным; каждый уровень имеет свои особенности. На начальном этапе надо научиться понимать и слышать основной языковой материал (для этого к учебнику приданы <u>Сборник текстов и упражнений и звуковое сопровождение</u>). Вместе они составляют базовый набор, который закладывает фундамент языкового здания (не забывайте выполнять упражнения своей рукой и многократно прослушивать аудиозаписи – сочетание зрительной, моторной и слуховой памяти намного облегчает запоминание материала).

Задача среднего этапа - сделать речь грамотной, правильной, дать возможность высказать любую мысль, хотя бы и относительно простыми словами. Задача же продолженного этапа - сделать речь полноценной, развить возможность уверенно выражать свои мысли.

Я вспоминаю, как много лет назад в Москве в среде людей, увлекавшихся изучением английского языка, постоянно слышались жалобы на отсутствие практики. Кто бы мог тогда представить себе, что для десятков тысяч людей, и не год и не два уже проживших в Америке, возможность свободно изъясняться по-английски остается камнем преткновения. И когда мы начинаем размышлять, как развить разговорные навыки, перед нами, как водится, стоят два извечных вопроса (на новый лад): "Что учить?" и "Как запомнить?".

Начнем с первого вопроса. Мне уже приходилось писать, что часто высказываемое обиходное мнение - "грамматика, серьезная работа над словарным запасом - это глубины языка, а для разговора хватит того, что попроще" - в корне неверно. Несмотря на то, что отдельные элементы бытовых диалогов могут быть весьма просты, реальный разговор с его непредсказуемостью является самым сложным языковым умением, т.к. он требует синтеза всех прочих знаний и навыков. Понимание на слух, реальное усвоение грамматических структур (большинство людей не помнит правил родного языка, но мгновенно отличает верную конструкцию от неверной), умение употребить нужное слово - все это кирпичики, которые составляют фундамент полноценной речи.

Допустим, вам надо сказать по-английски такое предложение: "Вы должны уметь прочесть этот текст". Если вы не знакомы с простым правилом английской грамматики - два модальных глагола не могут стоять в одной фразе (т.е. один из них должен быть заменен своим эквивалентом) - трудно представить, как вы правильно скажете **"You must be able to read this text"**. Аналогичный пример: **"I won't be able to do it"**. -

"Я не смогу сделать это". Конечно, в грамматике есть и второстепенные детали, есть сложные литературные конструкции, которые не всем нужны, но без базы, "костяка" грамматики самые простые фразы превращаются в "кашу", набор слов. Кстати, эта база не так уж велика и сложна, как это иногда представляется.

Перейдем теперь ко второй составляющей речи - словарному запасу. Повседневные разговоры (на любом языке) обходятся весьма ограниченным запасом слов (многие источники приводят цифры около полутора-двух тысяч слов). Даже тысяча важнейших слов, если вы ими владеете полноценно, даст вам широкие возможности в разговоре. Однако давайте посмотрим, что означает "выучить слово".

Вот казалось бы совсем простое слово: **care** - забота; уход; внимание; в российской школе его учили на первом году обучения, однако употребление его для нас совершенно непривычно. Приведем примеры:
He is under the care of a physician. -
Он находится под наблюдением врача.
Take care when you cross the street. -
Будьте осторожны, когда переходите улицу.
Глагол **care** привносит дополнительные трудности:
She cares for her brother. - Она ухаживает за своим братом.
She cares about her sister. - Она переживает о своей сестре.
I don't care what they say. - Мне все равно, что они говорят.
Will he come? - Who cares? - Он придет? - Кого это волнует?

Если вы знаете только "простой" перевод слова, он может помочь вам при чтении, когда у вас есть время раздумывать и строить догадки; в спешке же разговорной речи он практически бесполезен. В разговоре требуется знать *образец употребления слова* - как и с какими словами оно сочетается. Этот вывод очень важен практически; он объясняет, почему чаще всего "голая зубрежка" слов (традиционными или новомодными способами) мало продвигает разговорную речь.

В дальнейшем, на продвинутом этапе изучения языка мы понимаем, что речи необходим элемент образности (идиомы, сравнения и т.д.), иначе она получается невыразительной, однообразной. Расширяется список необходимых слов и конструкций. Интересно, что именно на продвинутом этапе в полной мере осознается проблема употребления предлогов. Важна также, хотя бы в минимальных объемах, синонимия слов - умение в нужный момент заменить слово на равнозначное - в родном языке мы это делаем постоянно и с легкостью.

Но как же все это запомнить взрослому человеку? Почему развитие разговорных навыков, которое легко и естественно происходит у детей, вызывает такие трудности у взрослых? Одна из причин, на мой взгляд, заключается в том, что с возрастом резко увеличивается разрыв между пассивным и активным запоминанием. Живая речь требует активно усвоенных конструкций, которые легко вызываются из памяти, как бы сами "приходят на ум". А то, что вы читаете или слышите, ложится в "пассивный отсек" вашей памяти. Что же из этого следует?

Психологам хорошо известно, да и жизненный опыт это подтверждает, что лучше усваивается та информация, которая эмоционально значима для нас, основана на ваших собственных пробах и ошибках. Вспомните, как вы учили арифметику. Почему во всех задачниках ответы "спрятаны" в конце? Потому что ответ, полученный сразу, без собственных усилий, не запоминается даже ребенком. В памяти закрепляется только тот ответ, который явился результатом вашего собственного поиска. ПОИСК - вот ключ к запоминанию. За ним должна следовать ПРОВЕРКА ответа. Здесь-то и включаются ваши эмоции.

В изучении языка этот принцип неявно использовался в методе обратного перевода. Именно по этому методу Шлиман выучил пять языков, так учил языки Луначарский и многие другие известные люди. Об этом методе ходили легенды. В 30-е годы он был поставлен на современную основу английскими лингвистами, и с тех пор показывал блестящие результаты. Важно подчеркнуть, что этот метод эффективен именно для взрослых людей, которым необходима "привязка" к родному языку. Модификацию метода обратного перевода, специально созданную для развития разговорных навыков русскоязычных учеников, с их особенностями психологического и слухового восприятия, я назвал методикой "Индукции речи".

Суть ее - в следующем. Материалы, предназначенные для усвоения (разговорные конструкции, записанные на пленку диалоги, контрольные работы) созданы совместно с американскими специалистами. Затем эти материалы переводятся на русский и выдаются студенту, который должен сначала сделать их обратный перевод. Это и есть этап ПОИСКА правильного решения (здесь можно пользоваться книгами, чьей-то помощью). И, наконец, ПРОВЕРКА - студент сверяет свой текст с оригиналом. Это - очень важный момент, он проверяет не чужой текст, а свои догадки и предположения; а это уже эмоциональный процесс. Эти эмоции по отношению к каждой проработанной фразе и есть ключ к запоминанию у взрослого человека.

Результат - разговорные конструкции ложатся в активную память; индуцируют (т.е. вызывают) правильную речь. Процесс выработки разговорных навыков как бы "прокручивается на малой скорости" с последующим анализом и коррекцией ошибок, что очень редко удается в реальном общении. Затем студент прослушивает звукозапись исходного английского текста, сначала в медленном, а потом в быстром актерском исполнении, закрепляя при этом пройденный материал в слуховой памяти.

Здесь я предвижу скептический вопрос: разве можно учиться разговору за письменным столом? Не спешите с ответом - не только можно, но и нужно. Надо только не путать два процесса - учение и практику. Как раз практика может быть только "живой", настоящей. Занятия с учителем, тренировка с друзьями - это не есть практика, это все равно учение, хотя и не всегда продуманное. Для того, чтобы быть успешной, практика должна быть хорошо подготовлена, иначе паника и страх, как черной краской, замазывают всю эмоциональную картину живого разговора.

Еще раз подчеркиваю: разговорные навыки - часть общего владения языком. Поэтапная, осмысленная работа дает ощутимые результаты в любом возрасте. Поиск "волшебной палочки" только отнимает у вас драгоценное время и, в конечном итоге, теряется надежда на изучение языка. Залог успеха очевиден - эффективная система обучения плюс ваш труд.

Серия книг "ЗАНИМАТЕЛЬНЫЙ АНГЛИЙСКИЙ"

Публикация материалов под названием "Занимательный английский" в русскоязычной прессе, а затем и выход одноименной книги стал настоящей сенсацией для русскоязычной Америки. Эта книга непохожа ни на одну другую; единственное пособие на русском языке, созданное "в гуще американской жизни".

Живой и увлекательный "путеводитель по американскому языку" помогает читателю понять не только языковые проблемы, но и реалии окружающей жизни. Простые, понятные объяснения самых насущных языковых трудностей, строчки из песен, шуток, реклам и множество примеров из живой американской речи ведут читателя к уверенному владению языком.

Материалы, вошедшие в эти книги, уже многие годы печатаются в крупнейших русскоязычных газетах Америки. Их вырезают, собирают, передают из рук в руки. Сейчас готовится к печати 3-й том этой серии, а также уникальное звуковое сопровождение к ней, в котором американские актеры в интерактивном режиме помогают слушателю выразить одну и ту же мысль разными словами, прокладывая дорогу к легкой и свободной речи. Эта методика разработана в содружестве с психологами Колумбийского университета и применяется впервые в мировой практике.

Справки по тел. (917) 470 - 8565

1) КУРС ПРАКТИЧЕСКОЙ РАЗГОВОРНОЙ РЕЧИ:

"УМЕНИЕ ЗАДАВАТЬ ВОПРОСЫ И ОТВЕЧАТЬ НА НИХ"

LEVEL: UPPER BEGINNING - INTERMEDIATE

Курс включает следующие материалы:
- краткое пособие, ясно освещающее грамматический материал, необходимый для построения вопросов и отрицаний;
- подборку из 300 слов и выражений (с примерами употребления), представляющих наибольшую сложность на начальном этапе;
- 1-й аудиодиск: **"Words and Expressions"**, закрепляющий перевод, употребление и произношение этих слов и выражений;
- более 100 диалогов (русские и английские тексты) для проработки по методу "Индукция Речи";
- 2-й аудиодиск: **"Dialogues - Comprehension"**; все диалоги записаны американскими актерами специальным образом (в медленном и быстром темпах) для лучшей тренировки понимания на слух, произношения и употребления разговорных конструкций;
- контрольная работа; ее проверка, анализ ошибок, рекомендации по их исправлению.

Примерное время занятий - 6-12 недель. **Цена курса - $59**
(для пенсионеров скидка - **$10**; на кассеты - скидка - **$15**)
Прилагается подробная инструкция

***АУДИОМАТЕРИАЛЫ НАЧИТАНЫ
АМЕРИКАНСКИМИ АКТЕРАМИ***

2) ПРОДОЛЖЕННЫЙ КУРС

"БЕСЕДЫ С ШЕРЛОКОМ ХОЛМСОМ"

LEVEL: INTERMEDIATE-ADVANCED

Курс включает следующие материалы:
- книгу **"The Adventures of Sherlock Holmes"**, обработанную американскими специалистами для продолженного уровня изучения языка;
- постраничный комментарий к ней - объяснение трудных слов и выражений, дополнительные примеры;
- 1-й аудиодиск: **"Words and Expressions"**, закрепляющий употребление, перевод и произношение этих слов и выражений;
- 400 ключевых разговорных конструкций для проработки по методу "Индукции Речи";
- 2-й аудиодиск: **"Stories - Comprehension"** - звуковой пересказ текста, специально созданный для развития навыка гибкого и свободного употребления в речи данных конструкций и их тщательно подобранных синонимов;
- контрольная работа; ее проверка, анализ ошибок, рекомендации по их исправлению;
- индивидуально подобранные необходимые дополнительные учебные материалы.

Примерное время занятий - 6-12 недель. **Цена курса - $69**

АУДИОМАТЕРИАЛЫ НАЧИТАНЫ
АМЕРИКАНСКИМИ АКТЕРАМИ
Прилагается подробная инструкция

Справки по тел. (917) 470 - 8565

Новый аудиокурс Виталия Левенталя:

LET'S TALK AMERICAN
A Practical Guide to American English Everyday Conversations

ГОВОРИМ ПО-АМЕРИКАНСКИ
Практическое пособие по развитию разговорных навыков

Аудиокурс включает книгу и 3 компакт диска (CD)

Книга является комбинацией учебника и разговорника - она состоит из 10 разделов (Все о деньгах; Жилье; Медицина; Лекарства; Телефон; Покупки и др.).

В каждом из них учебные материалы сопровождаются огромным количеством слов и выражений, характерных для повседневной американской речи, диалогами и специальными упражнениями с самопроверкой для развития словарного запаса и тренинга разговорной речи.

Эта курс уже доказал свою высокую эффективность и получил самые лучшие отзывы у читателей.

Звуковое сопровождение, начитанное американскими актерами, поможет быстро развить разговорную речь.

Оно содержит разделы по изучению слов и выражений, диалоги, тренинг разговорной речи и особый раздел, содержащий работу над произношением.

НОВИНКА

Вышла из печати новая книга Виталия Левенталя:

GETTING READY TO GET A JOB - ПРАКТИКУМ АМЕРИКАНСКОЙ ДЕЛОВОЙ РЕЧИ

Поиск работы в Америке - самое серьезное испытание языковой и психологической подготовленности для человека, приехавшего из другой страны. Для того, чтобы успешно пройти такое испытание, надо овладеть основами американской деловой речи. Этому и посвящена данная книга.

Она проведет вас по всем этапам поиска работы - от сбора информации и первых телефонных звонков, подготовки резюме и сопроводительных писем, до прохождения интервью, оценки его итогов и выхода на работу. Специальный раздел книги посвящен тому, как составить основные деловые письма.

В книге вы найдете огромное количество слов и выражений, отражающих реалии американской деловой жизни, которым зачастую нелегко подыскать перевод. Одна из глав книги поможет вам освоить непринужденную манеру общения с сослуживцами - работу ведь надо еще и удержать.

И, наконец, в книге вы найдете специальную технику активного тренинга речи, которая поможет закрепить наработанные разговорные конструкции в активной памяти - это самостоятельный перевод фраз с русского на английский с последующей самопроверкой (ему посвящен последний раздел каждой главы).

Звуковое сопровождение к этой книге не имеет аналогов. Оно развивает беглость разговорной речи, позволяя вам выразить одну и ту же мысль по-разному, что делает вашу речь живой и полноценной, приближая желанный результат – свободное общение на английском языке.

ШКОЛА Виталия Левенталя

Информационный листок

1. Имя, фамилия_____
2. Адрес _____
   _____Тел. _____
3. Возраст ☐ 20-29 ☐ 30-39 ☐ 40-49 ☐ 50-59 ☐ 60-69 ☐70 и более
4. С какого года в Америке_____
5. Как учите язык в Америке?_____
6. Какие пособия используете (учебники, диски, Интернет)?
   _____
   _____
7. Оснащен ли Ваш телевизор устройством, воспроизводящем титры на английском языке? Если да, то пользуетесь ли им? _____
8. Пользуетесь ли электронным словарем? Если да, то каким?_____
9. Мотивы и основные проблемы в изучении языка
   _____
   _____
   _____

ФОРМА ЗАКАЗА

Наименование	Стоимость
Пересылка	
ИТОГО	

Вы можете скопировать этот листок, заполнить и прислать его нам. Для получения подробной информации о новинках - напишите "Информация" и вложите адресованный себе конверт с маркой. Для заказа - вложите чек или мани-ордер на имя V. Leventhal.

Наш адрес: **V.Leventhal, P.O.Box 378, New York, NY 10040**

C PARTNER® ER850

ECTACO Partner® ER850
Англо⇔русский говорящий электронный словарь и голосовой разговорник

ДРУГИМИ СЛОВАМИ:
Английский быстро, просто и со всеми удобствами!
Вы не одиноки если у Вас есть Партнер!

ВЫ СМОЖЕТЕ:
Говорить по английски, даже если Вы пока не знаете этого языка. Просто откройте раздел *Разговорник* и получите возможность произносить тысячи фраз по русски, с последующим переводом и произношением на английском!

ВЫ СМОЖЕТЕ:
Переводить тексты, письма, документы с английского на русский и с русского на английский. Качественно, с гарантией и чуть меньше чем за две секунды!

ВЫ СМОЖЕТЕ:
Учить английский когда угодно, в любое удобное для Вас время, Вы сможете отрабатывать произношение и иметь столько практики английского языка сколько захотите.

ВЫ СМОЖЕТЕ:
Переводить любые слова, так как в Партнере ER800T есть более миллиона слов, включая специальные термины такие как, технические, финансовые, медицинские и другие. Так что за словом – в карман, причем в прямом смысле!

ECTACO® Partner® C-4ER

ECTACO® Partner® C-4ER eBook – это электронный словарь нового поколения. Partner® C-4ER выводит электронный словарь на новый уровень, максимально приближая его к бумажному предшественнику.

Благодаря двум экранам с высоким разрешением создаётся полное впечатление работы с обычным бумажным словарем, при этом словарь Partner® C-4ER обладает огромным преимуществом – он весь умещается у Вас на ладони.

Усовершенствованная система загрузки приложений обеспечивает устройству невероятную гибкость в эксплуатации – всего за несколько секунд оно превращается из переводчика в электронную книгу или другой справочник.

Фирма Ectaco, производящая словари Partner, предлагает особую скидку для для читателей этой книги.
Для заказа словаря нужно прислать чек или мани-ордер, выписанный на Ectaco, Inc., по адресу:

V. Levental, P.O. Box 378, New York, NY 10040.

Не забудьте указать свой адрес и телефон на копии купона (чтобы не портить книгу). Словарь будет доставлен вам посредством UPS в течение двух недель. Дополнительная информация по тел: (917) 470 – 8565.

СКИДКА $30 НА ПРИОБРЕТЕНИЕ ЭЛЕКТРОННОГО СЛОВАРЯ

Фамилия ....
Адрес ....

Телефон ....

Укажите модель словаря, которую вы хотите заказать

☐ Partner ER 850   ☐ Partner C-4ER

КНИГИ И АУДИОКУРСЫ
Виталия ЛЕВЕНТАЛЯ

Информативный тренинг речи с особой методикой запоминания
Аудиокурс - **Let's Talk American - Говорим по-американски**
Комбинация учебника и разговорника, книга + 3 аудиодиска   - $49.95
Важнейшая лексика, диалоги, упражнения, работа над произношением

ПОЭТАПНОЕ ИЗУЧЕНИЕ ЯЗЫКА - **НАЧАЛЬНЫЙ УРОВЕНЬ:**
Учебник "Английский язык: Просто о сложном", 1-й том,
Логическое объяснение английской грамматики   - $9.95
2-й том учебника - тексты, упражнения, разговорник   - $4.95
Звуковое сопровождение к учебнику: 3 аудиокассеты   - $11.95
или на ваш выбор   3 CD   - $26.95

СРЕДНИЙ УРОВЕНЬ:
"ЗАНИМАТЕЛЬНЫЙ АНГЛИЙСКИЙ"   ТОМ 1   - $9.95
"ЗАНИМАТЕЛЬНЫЙ АНГЛИЙСКИЙ"   ТОМ 2   - $9.95
(отрывки из этих книг вы читаете в газетах)

Быстрейший путь к хорошей работе и нормальному общению -
АУДИОКУРСЫ ДЛЯ РАЗВИТИЯ РАЗГОВОРНЫХ НАВЫКОВ
по уникальной методике "**ИНДУКЦИЯ РЕЧИ**":
СРЕДНИЙ УРОВЕНЬ - "Курс практической разговорной речи" -   **$59**
(для того, чтобы заговорить правильно) (кассеты со скидкой $15 или диски)
ПРОДВИНУТЫЙ УРОВЕНЬ - Курс "Беседы с Шерлоком Холмсом" -   **$69**
(для того, чтобы речь стала живой и полноценной) (диски или кассеты со скидкой)
Getting Ready to Get a Job - Практикум американской деловой речи-$14.95
Новый аудиокурс, развивающий беглость разговорной речи   -$29.95

ДОСТАВКА КНИГ И АУДИОКУРСОВ:
В пределах США **пересылка – 3 дол. за первую книгу**
плюс 70 центов за каждую следующую книгу или аудиокурс
(из других стран – свяжитесь с нами для уточнения стоимости пересылки)
Для заказа пришлите чек или м/ордер по адресу:
V. Levental, P.O. Box 378, New York, NY 10040

Справки по тел. **(917) 470 - 8565**

Наша школа в Интернете: **www.EnglishMadeSimple.com**
РЕАЛЬНАЯ ПОМОЩЬ В ИЗУЧЕНИИ ЯЗЫКА